幸福の習慣

WELL BEING

世界150カ国調査でわかった
人生を価値あるものにする
5つの要素

トム・ラス
ジム・ハーター 著
森川里美 訳

Discover

幸福の習慣

世界１５０カ国調査でわかった
人生を価値あるものにする５つの要素

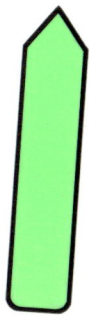

はじめに

幸せで満足のいく人生を送るために大切なことは何でしょうか？

一般的に、幸福な人生を送るために大切だと考えられている方法は、実はほとんどが見当ちがいです。明らかにまちがった思い込みをしている人も少なくありません。

何か1つに集中しても幸福は手に入らない

多くの人は「成功して裕福になること」が、幸せで満たされた人生を送るために必要だと考えています。そう考える人は、お金を得ることに時間と労力を注ぎ込みます。

「健康でなければ幸せな人生は送れない」と考える人は、健康を維持増進することに心血を注ぎます。

「お金さえあれば幸せになれる」と考える人は〝あっという間にお金がもうかる〟という広告に乗せられてしまい「美人でやせていなければ幸せになれない」と思う人は〝努力しなくてもやせられる〟という宣伝文句に心惹かれてしまいます。

しかし、広告に乗せられて、本を買ったり、ビデオを見たり、セミナーに出たりして、その教えを実行するために数週間の時間と労力を費やしたとしても、たいていはうまくいかなくて投げ出してしまいます。

「会社で認められて、昇進すれば幸せになれる」「仕事で成功すれば裕福になって、すべてを手に入れることができる」そう信じて、家族との関係も自分の健康も犠牲にして仕事に集中しても、すべてを手に入れることができる人はほとんどいません。

もし、あなたにも似たような経験があるなら、お金や仕事、健康、人間関係など、何か1つだけに集中しても、うまくいかないことに気がついているのではないでしょうか。

人生のいろいろなことに目配りをするよりも、ある時期に限って、たとえば仕事だけに集中するほうが、うまくいきそうに思えるものです。仕事と、健康や人間関係のバランスを取るよりも、他のことには目をつぶって、1つに集中する方が簡単に感じられるからでしょう。

しかし、収入を得ること、健康でいること、人間関係を保つこと、その他生活のさまざまな側面――これらは相互に深く関係していて、どれか1つだけを切り離して扱うことはできません。仕事だけに集中する人生はやがては破綻します。


本書のテーマである「ウェル・ビーイング（＝幸福・人生の満足）」とは――、

①　仕事に情熱を持って取り組んでいる
②　よい人間関係を築いている
③　経済的に安定している
④　心身共に健康で活き活きしている
⑤　地域社会に貢献している

――こうしたさまざまな要素が一体となっている状態です。

最も重要なのは、この5つの側面が互いに関わり合っていてこそ、私たちが本当に人生に満足し、幸福《ウェル・ビーイング》を実感できるということです（＊訳注：「ウェル・ビーイング」は「幸福・福利・健康」などと訳され〝満足な状態〟であることを示す語です。本書では文脈にあわせて「幸福」「幸福感」「幸福度」などの訳語をあてました）。

本書は50年に及ぶ幸福研究の集大成

ギャラップ社は、1950年代から〝元気で充実した人生を生きるために何ができるか〟というテーマに取り組み、現在まで探究し続けてきました。近年は、経済学者や心理学者、科学者たちとパートナーシップを組み、国や文化の枠を超えて共通する幸福の構成要素についての研究に力を入れています。

この研究の一環としてギャラップ社は150カ国にわたるグローバル調査を実施し、その結果、世界人口の98％以上のデータを得ることができました。

この調査では、健康、経済、人間関係、仕事、そして地域社会に関する数百問にわたる質問を通して「日々の過ごし方」と、その積み重ねとして「人生全体をどのように評価しているのか」についてデータを取って比較しています。

この調査をスタートした当時、ギャラップ社は「あなたにとって最高の未来とはどのようなものですか?」と多くの人々に質問しました。

その結果は「人間関係」や「地域社会」などの要素よりも飛び抜けて「お金」と「健康」の2つを重要だと見なす傾向があることがわかりました。地域別、年代別、男女別などさまざまな角度から見ても、やはり「お金」と「健康」は人生で最も重要なものとして共通して登場してきます。


幸福を構成する5つの要素の中でも、「お金」と「健康」の2つの要素は、収入や体重、血圧といった数値で把握できるので、長期的に計測し変化を見ることができます。一方、仕事のキャリアのよし悪しや人間関係の健全さを数値として測るための標準的な方法はまだありません。

1人1人の幸福を測定することを目的として、ギャラップ社は、これまで実施した世論調査やインタビュー調査から、さまざまな人生の局面における幸福を計測できる質問項目を選りすぐってアセスメントを作成しました。そして、アセスメントの有効性を検証するための調査を世界中の国々で行いました。

この調査の結果、人が活き活きした人生を送るのか、それとも悩み多き人生を送るのか、どちらの道に進むのかを決定付ける5つの要素が明らかになりました。

この5つの要素は〝人生において重要なこと〟のすべてをカバーしているわけではありません。しかし、人が幸福を感じるのは、この5つの要素が大本となっています。また、この5つの要素は世界中のどんな国の人にも当てはまるものです。

人の幸福を決定する5つの要素とは

第1の要素は「**仕事の幸福**」です。仕事とは、生計を立てるための仕事だけではありません。ボランティア活動、子育て、勉強などを含む〝1日の大半の時間を費やしていること〟が仕事です。〝心から好きで毎日していること〟も含まれます。

第2の要素は「**人間関係の幸福**」です。強い信頼と愛情でつながっている人間関係を持っているかどうかによって決まります。

第3の要素は「**経済的な幸福**」です。あなたの人生を支える資産を、効果的に管理運用できているかどうかによって決まります。

第4の要素は「**身体的な幸福**」です。健康状態が良好かどうか、日々やらなければならないこと、やりたいと思っていることをするのに十分なエネルギーに満ちているかどうかによって決まります。

第5の要素は「**地域社会の幸福**」です。住んでいる地域に深く根をおろして、つながっている感覚があるかどうか、地域のコミュニティとどれくらい深く関わっているかどうかによって決まります。

前述した調査では66％の人が、5つの要素のうち少なくとも1つでハイスコアを得ていました。しかし、すべての要素でハイスコアの人の割合はわずか7％でした。

どれか1つでもうまくいかずに苦しんでいる要素があると、それはその人の幸福にダメージを与えます。逆に、どれか1つの要素のスコアを高められれば、日々の生活はより充実し、すばらしい1カ月、すばらしい10年へとつながっていきます。

重要なことは、1つの要素だけ突出してうまくいっていても、残る4要素をないがしろにしていると〝日々幸せを感じる生活〟は手に入らないということです。5つの要素それぞれについて、少しずつでもより良い状態を目指して行動していかない限り、人生をよりよく生きる能力を活かしきることはできないのです。

幸福の5つの要素は万国共通の〝幸福への道しるべ〟

幸福の5つの要素は、信仰や文化、国籍を問わず共通しています。しかし、幸福を高めていくために取る方法は、人それぞれです。

たとえば5つの要素すべてについて、スピリチュアルな心のあり方が活力の源となる人がいます。彼らにとっては〝信じること〟が人生で最も重要なことです。「目には見えないけれど、自分たちを見守ってくれる存在を信じること」「起こっていることすべてに意味があると信じること」が、日々よりよく生きようとする意欲の基盤となっています。

他にも〝環境を守る〟という強い使命感が日々の活力の源になっている人もいます。彼らは、どんなときでも、だれと接するときでも〝環境を守る〟ことを忘れることはありません。

こんなふうに、私たちを動機付けるものは1人1人異なりますが、結果的に得られるものは共通です。

仕事・人間関係・経済・身体・地域社会――人生において重要なこの5つの要素をよりよくする方法はたくさんあります。たとえば、定期的に運動したり、家族や友人と過ごす時間を増やしたり、お金をより賢く活用することで、人は5つの要素を改善し、より幸福を実現していくことができます。

私たち自身の中には、幸福を妨げる原因となってしまうような性質があります。それは、何かを決断するときに、立ち止まって考えることなく〝今すぐ自分を満足させること〟を一瞬のうちに優先してしまう性質です。つまり、長期的視点よりも短期的視点で決断してしまう性質が幸福の妨げとなっているのです。

生存本能は目先の欲望を優先させる

だれでも、ジムでのエクササイズやジョギングなどの運動をすれば、より健康になれることを知識として知ってはいます。それでも、ついつい運動をさぼってしまいます。

確かに、今日1日運動しなかったとしても、そのせいですぐ心臓発作や脳溢血のような病気になるわけではありません。だから「今日1回くらい運動しなくてもだいじょうぶ……」「とりあえず今日は、やめておこう……」そう考えることで、運動しなければいけないという義務感から逃れることを自分に許してしまいがちです。

また私たちは、甘いデザートや揚げ物の食べ過ぎは体によくないと知っています。でも、「キャンディをどうぞ」と差し出されると「ありがとう」と言って、思わず2～3個つかんでしまいますし、ポテトチップスの袋を1度開けると「もうやめなきゃ」と思いつつも空っぽになるまで食べ続けてしまいます。

揚げ物も同じです。「フライドポテトを1回食べたからって、すぐ糖尿病になったり太ったりするわけじゃないし……」と思って、ついつい手を伸ばしてしまうのです。

他の幸福の要素についても同じことが言えます。

私たちは、家族や友達とゆったりと充実した時間を過ごすことが、幸せな人生を実現するために重要であることは知っています。

しかし、仕事が忙しいと、友達に連絡して「最近どう？　元気にしてる？」と声をかけることを後回しにしたり、家族の話を聞くことをないがしろにしてしまいます。

お金については、貯めることよりも先に使うことを考えてしまいがちです。退職金積立制度で、毎月一定額を積み立てておけば、あとで何倍にもなって返ってくると知っていても、今すぐ手に入る魅力的な何かに、そのお金を使ってしまいます。

現代には、今この瞬間の欲求を満たす選択肢があまりにもたくさんあるので、将来のためになるような適切な長期的判断をするのがむずかしくなってしまっているのです。

今すぐ得られる〝ごほうび〟に手が伸びるのは、自然なことです。短期的利益を優先する傾向は、生存本能に深く結びついているからです。そのせいで、大人になっても子どものときと変わらず、健康的に長生きしたいと願う自分より、目の前の欲望を満たそうとする自分が勝ち、脂肪分たっぷりのデザートを食べてしまいます。

先に挙げた調査では、2万3千人に買い物習慣について質問しました。「キャンディを定期的に買っている」と答えた人は、わずかに10％でした。

この質問のあと「もし今、目の前に山盛りのキャンディを差し出されて『どうぞ』と言われたら、あなたはそのキャンディを食べますか？」と質問すると、70％以上の方が「食べると思う」と認めました。

短期的利益と長期的利益を一体化させる

目の前の欲望に流される自分を許している限り、長期的視点から見た適切な判断をするのは、きわめて困難です。しかし私たちは、前述した5つの要素でうまく幸福感を味わっている人から学ぶことができます。彼らはどんなふうに、それぞれの分野で生じる問題を解決し、どんな予防策をとっているのでしょうか。

ヒントを少しだけお伝えしましょう。彼らは〝**短期的な欲求を満たすことで得られる利益と長期的視点で得られる利益を一致させる**〟ことで、正しい決断を容易にしていました。

どういうことでしょうか。

たとえば、ファストフード店でオーダーする時に、将来の肥満や糖尿病のリスクに意識を向けると、チーズバーガーとフライドポテトを避けて他のものを選ぶ可能性は高まります。しかしそれだけでは、メニューの美味しそうな写真を見ると〝欲望を満たそうとする自分〟の勢いに負けてしまいます。

そこで、オーダーする直前にちょっと立ち止まって、チーズバーガーとフライドポテトを完食したあとに何が起こるかを考えてみるのです。そうすると、これらのハイカロリーフードを食べたあとには高脂肪摂取の胸焼けが起こり、その日1日が台無しになってしまうことを思い出せます。

運動についても同じ方法が使えます。

体を動かすことで将来の病気のリスクを減らせる、と知っていても「今日はやめておいて明日から」という〝さぼり欲求〟を封じ込めることは困難です。しかし、たった20分間の運動をしただけで、運動後12時間は前向きないい気分が続くという事実を思い出してみたらどうでしょう。

「じゃあ今日1日を気持ちよく過ごすために、20分だけ体を動かそうかな」「同じ20分なら、朝のうちに運動すれば1日いい気分で過ごせるな」と思いなおして、運動を選ぶ可能性を高められます。

人間は〝何かを行った直後に得られる利益〟がはっきりと見えた方が、行動を変えやすいのです。この性質をうまく使えば、日々の行動を、短期的にも長期的にも、よい方向に変えていくことができます。

「1日いい気分で過ごしたい（＝短期的利益）」と思うことが「毎朝20分間の運動をしてみよう（＝短期的利益に基づく、よりよい決断）」と思う動機となり、結果的に成人病や慢性疾患の予防（＝長期的利益）へとつなげられるのです。

幸せな人の習慣を学んで幸福を育てる

本書では、こうした〝前向きな思考・行動の仕組み〟を、5つの要素それぞれで整えて、日々の生活の習慣としていく方法を提案します。日々の行動に小さな改善を加えて続けていけば、人生はより幸福な方向に変えていくことができるのです。

ここから続く各章では、幸福の5つの要素それぞれで成功している人たちのインタビューを紹介します。

登場するのは、ギャラップ社が世界規模で行った幸福度調査で、総合点でハイスコアを取った人たちです。各章で、彼らがどんな工夫をしているのかをご紹介し、人生に取り入れる方法を学んでいきます。

本書を読み進むうちに、あなたの人生の幸福度を高め、それを生涯にわたって維持し、さらに改善するためにあなたができる効果的な方法が見えてくるでしょう。

本書を読み終わったあなたが、これからの毎日を楽しみ、人生を味わいつくすことができるようになると同時に、あなたの友達や家族、職場の仲間、あなたの住む地域の人々の幸福度も高める存在になることを願っています。

幸福の習慣

世界１５０カ国調査でわかった
人生を価値あるものにする５つの要素

目次

1章

仕事の幸福とは？

「あなたは今の仕事が好きですか？」

この質問は、「仕事の幸福《ウェル・ビーイング》」を考える上で最も基本的、かつ最も重要な質問です。実は、この質問に「はい」と即答できる人は、全体のたった20％しかいません。

〝最も多くの時間を費やすこと〟がその人を作り上げる

人はみな、朝目が覚めたとき、その日にすべき何かを必要としています。その何かが、わくわくするもの、待ち遠しいものであれば理想的です。それが何であれ、日々最も多くの時間を費やしていることが、その人のアイデンティティ（＝核となる人間性）を作り上げるからです。

あなたが学生でも、子育て中の親でも、ボランティアに情熱を燃やしている人でも、定年退職したばかりの人でも、毎日の決まりきった仕事にうんざりしている人でも、日々一番多くの時間を費やすことが、あなたという人を作り上げることに変わりはありません。

私たちは、平日の目が覚めている大半の時間を、いわゆるキャリアと呼ばれる仕事に費やしています。
パーティなどで初めて会った相手からは「どんなお仕事をなさっているんですか？」と質問されるものです。その質問に答えるときに「今の仕事は有意義で、私自身に喜びと満足を与えてくれる」と心の中で感じられるならば、あなたの仕事の幸福度は高いと予測できます。

全体的な「人生の幸福」を考えたときに、「仕事の幸福」は5つの要素の中でも、最も重要で根幹をなすものです。ここでいう「仕事」とは、収入を得られる仕事に限りません。自分が情熱を持って取り組める何か、たとえば学校に行くことやボランティア活動が「仕事」でもいいのです。

前述の幸福度調査では、仕事の幸福度が高い人は、そうでない人に比べて「自分はすばらしい人生を送っている」と思う割合が2倍も高いということがわかりました。

ちょっと考えてみてください。

もし、あなたが健康で、人間関係もうまくいっていて、経済的な不安がないとしても、今の仕事が嫌いだったとしたらどうでしょうか。久しぶりに友人や知人と会っても、その時間の大半を、今の仕事への愚痴や不満をこぼして終わることにならないでしょうか。仕事中も、家に帰っても、友人と会っていても、フラストレーションを抱え続けることになるのではないでしょうか。

そうなると、それがストレスとなって、結局のところ健康を損なってしまいます。つまり、仕事の幸福度が低いと、やがては他の4つの幸福の要素も悪化させてしまうのです。

パートナーを失うより、仕事を失う方がダメージは大きい

職場をクビになってしまって、再就職できない状態がまる1年続いたときのことを考えてみましょう。仕事こそが自己認識を決め、人生の満足感の大本になっているということが再認識できます。

アメリカの経済誌『エコノミック・ジャーナル』に、失業に関する研究結果が掲載されたことがあります。この研究は、人生の大きな出来事、たとえば結婚や離婚、子どもの誕生、短期の失業、長期の失業、配偶者の死など、さまざまな出来事が、長期にわたって人生の満足度にどのような影響を与えるか、ということについて13万人の被験者を数十年間

「配偶者の死」と「失業」の幸福への影響

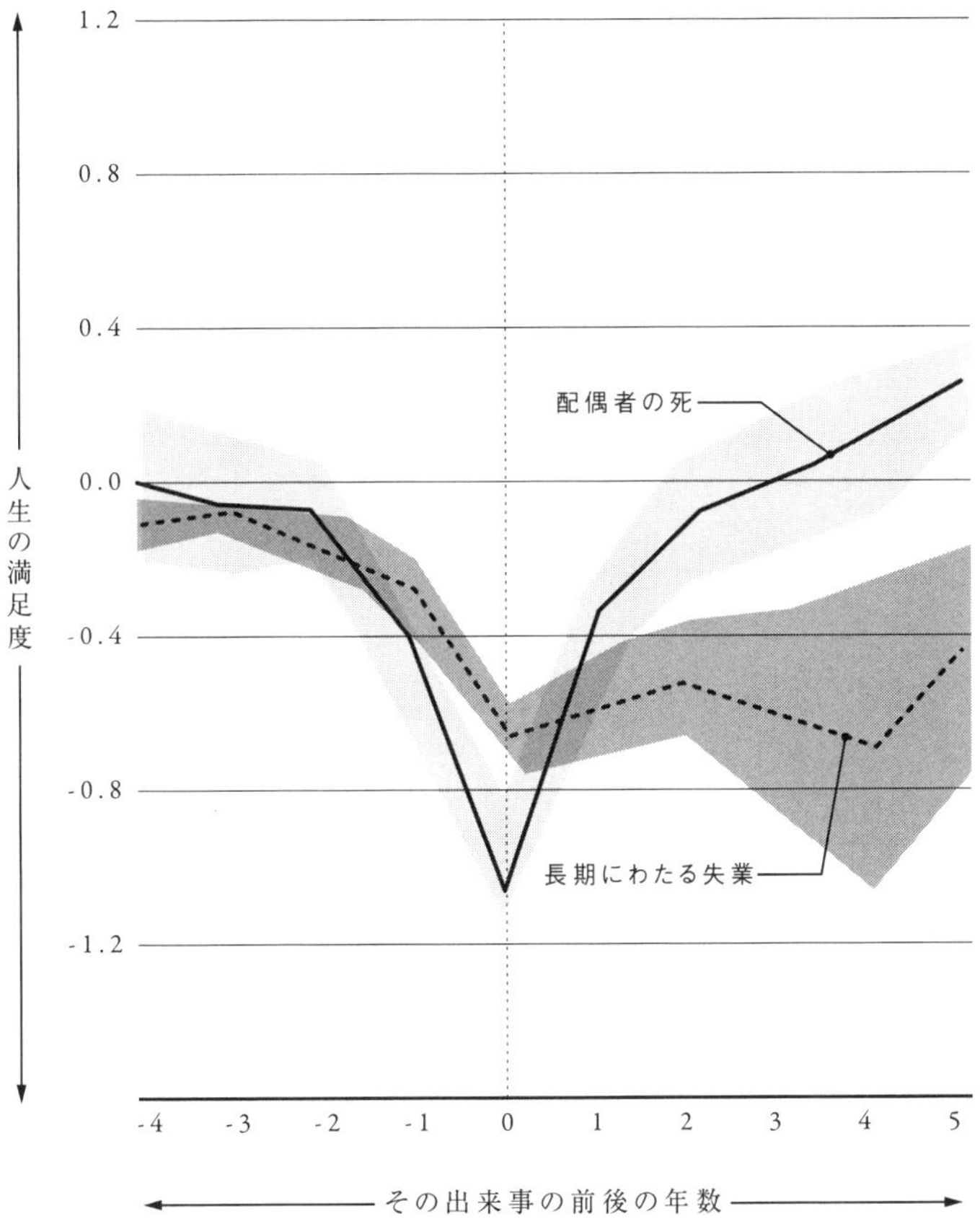

出典：Clark, et al., *The Economic Journal*, 2008年6月

にわたって追跡調査したものでした。

この研究の結果、先に挙げたさまざまな出来事の中で、幸福に最も大きな影響を与える出来事は「長期にわたる失業状態」でした。1年以上続く失業のダメージは大きく、そこから完全に立ち直るまでに5年かかる場合もあったのです。

この研究には、希望を与えてくれる数多くの発見もありました。たとえば、夫や妻を亡くすなど非常につらい出来事に直面したとしても、多くの人は、数年後には配偶者が亡くなる以前の幸福度レベルまで回復します。

しかし、長期にわたって失業が続いた場合（特にそれが男性の場合）は、配偶者を亡くしたときのように〝数年後には以前の幸福度レベルに回復〟というわけにはいかないようです。つまり、失業状態が長期間続くことは、配偶者の死よりもダメージが大きい、というのが現実なのです。

解雇されて仕事を失ったからといって、永久に立ち直れなくなるわけではありません。**問題は〝解雇されたあと、次の仕事を一生懸命に探し続けているのに見つからない状態が1年以上続くこと〟にあります。**

仕事がない状態が長期間続くと、その間の収入が途絶え、人と会う機会も減り、何もすることがない退屈な日々を過ごすことになります。それは、仕事だけでなく、人生全体の幸福を損ねます。

収入を得ることは「仕事の幸福」の必須条件ではありません。収入の有無にかかわらず、私たちは「そのことをするのが心から楽しい」と思える何かが必要です。その楽しい何かをする機会が毎日あることが必要なのです。

それは、会社員として働くことかもしれないし、ボランティアかもしれません。子どもを育てることかもしれないし、自分で新しいビジネスを立ち上げることかもしれません。それが何であれ、最も大事なことは自分で選んだ〝仕事〟を心から楽しめることが必要である、ということなのです。

3人に2人は毎日仕事が終わるのを待ち望んでいる

少しだけ、子どもの頃に戻ってみましょう。興味も関心も持てない授業のことを思い出してみてください。

たぶん、あなたの目は、ぼーっと宙をさまよったり、時計にくぎ付けになっていたにちがいありません。覚えていることと言えば、授業の終わりを告げるベルの音をどれだけ心待ちにしていたか、その気持ちだけでしょう。机から逃れて次の何かのために動き出すことを許す合図のベル。その音を待ち望む気持ち……。

実のところ、世界中で働く人々の3分の2以上の人が、会社で仕事を終える1日の終わりに、似たような気持ちを経験しています。


なぜ、こんなにも多くの人が、仕事に熱意を持てず、毎日仕事が終わるのを待ち望むような気持ちになってしまうのでしょうか。その理由を調べるために、ギャラップ社は、会社員の協力者168人に対して、彼らの仕事に対する熱意の度合、心拍数、ストレスレベル、1日の各時間帯の感情の動きを研究しました。

まず、この研究をはじめるに当たって、168人それぞれの〝仕事に対する熱意〟を調べました。そして「仕事に熱意を持っている人」と「仕事に熱意を感じていない人」のちがいを実験によって考察したのです。

この実験中、協力者にはポケベルを携帯してもらいました。そして、1日のさまざまなタイミングでポケベルを鳴らして、その時にだれと一緒にいて何をしているのか、今どんな気分なのか、といった質問をしました。

加えて、協力者1人1人に、小さな心拍計（25セントコインよりも小さく、ステッカーのように胸に貼りつけることができるもの）を1日中身につけてもらい、1日が終わった時点でコンピュータにデータをダウンロードしてもらいました。

さらに、ストレスホルモン値やコレステロール値によってストレスレベルを計測するために、唾液サンプルを収集してもらいました。ポケベルが鳴るたびに小さな検査容器に唾液を採取し、その結果をパソコンの日誌に入力する形です。

唾液に含まれるコルチゾール値のレベルを見れば、1日のさまざまな時間における心理的なストレスレベルを直接把握することができるのです。

このようにして、1日のさまざまな出来事と心拍数やストレス値の変化の関連性を研究しました。

すべてのデータ分析が終わってみると、「仕事に熱意を持っている人」と「仕事に熱意を感じていない人」は、朝出社した瞬間からまったく異なる体験をしていることが明らかになりました。

「仕事に熱意を持っている人」は朝仕事についた瞬間から仕事を終えるまで〝幸せだと感じる度合い〟と〝仕事に対する興味関心の度合い〟が大幅に高いという結果が出たのです。

反対に、ストレスレベルは「仕事に熱意を感じていない人」の方が大幅に高い結果となりました。彼らは、日中はストレスレベルが高く、終業時間が近づくにつれて徐々にストレスレベルが下がっていきます。そのかわりに〝幸せだと感じる度合〟が上がっていくのです。

仕事への熱意が低く「仕事の幸福」が低い人は、月曜日の朝から1週間ずっと、ひたすら金曜日の午後5時を待っている、と言っても過言ではありません。

充実した毎日を生きるか？　それとも、週末のために生きるか？

この研究では、平日と休日のちがいも研究対象になりました。

1日の幸福度の変化

仕事に熱意を持っている人の場合

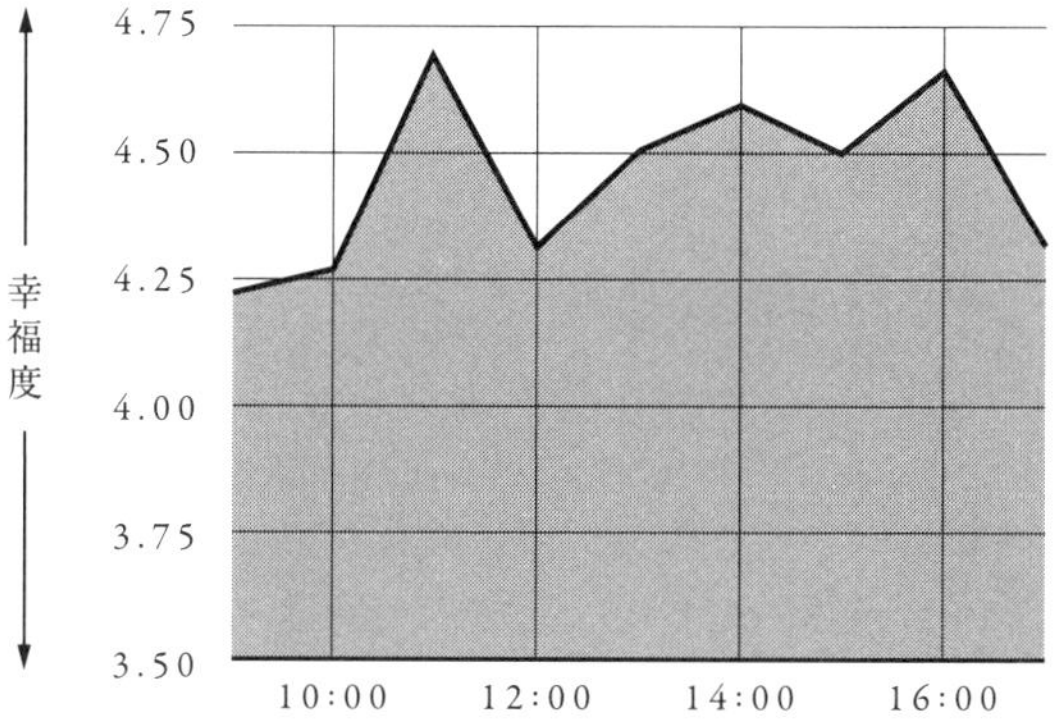

仕事に熱意を感じていない人の場合

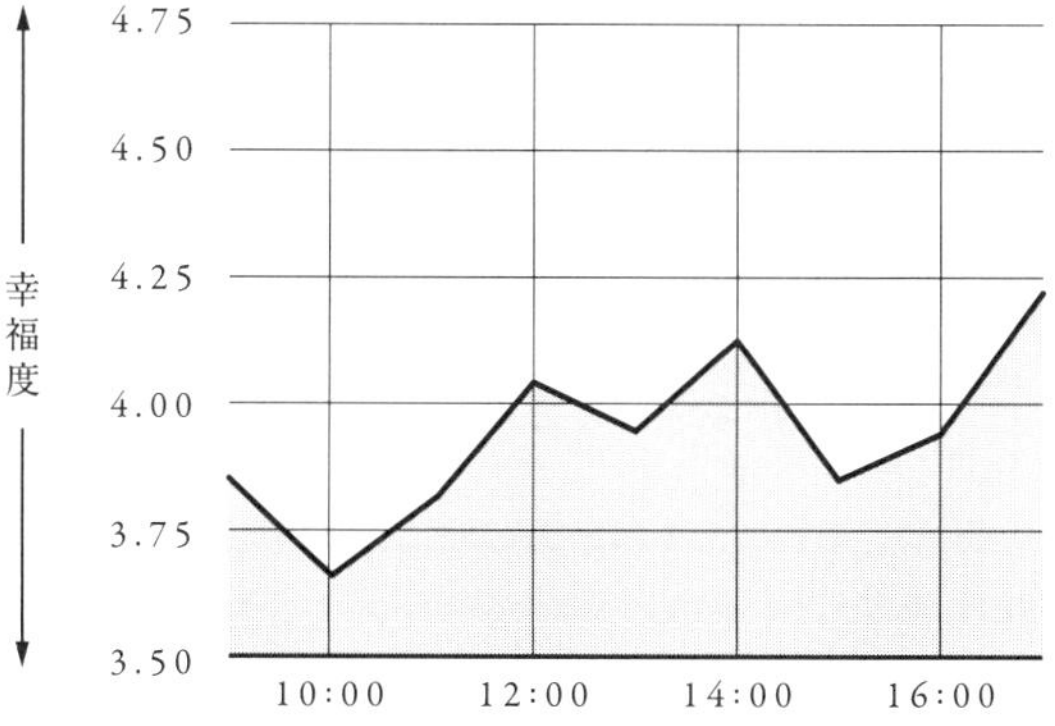

「仕事に熱意を持っている人」は、平日も休日も幸福度は同じです。物事に対する興味関心度とストレスレベルが、平日の方が少し高いことだけがちがっていました。

一方「仕事に熱意を感じていない人」は、平日は幸福度も、物事への興味関心度も劇的に低く、ストレスレベルは異常に高くなっていました。この状態が5日間ずっと続いていたのです。

「仕事に熱意を持っている人」は、平日の方がストレスレベルが少し高くなりますが、幸福レベルは週末と同じです。物事に対する興味関心度は平日の仕事中の方が高く、全体にバランスがとれていると言えます。

しかし、**「仕事に熱意を感じていない人」は、週末のために生きているようなもの**です。〝平日は死んでいる〟と言っても過言ではありません。仕事の幸福度が高い人が、仕事中も休日も同じくらい楽しんでいるのとは対照的です。

週末と同じくらい、平日を楽しく過ごすには？

仕事の幸福度が高い人の生活をちょっとのぞいてみましょう。

機械エンジニアのジェイは「自分が毎日してることを楽しむことだね」と言います。多くの人と同じように、ジェイもこれまで何度か転職していくつかの職場を経験しています。会社の中で〝駆け引き〟せざるを得ないときもあり、そんな社内政治にフラストレーションを感じていました。

それでも彼は、エンジニアとして働くことにこだわり続けました。この情熱と興味関心があるからこそ、彼はむずかしい環境の中でも「仕事の幸福」を強く感じながら働き続けることができました。

「最も興味を感じることは？」とジェイに質問すると、彼は、機械がどんなふうに動くのか、そのメカニックについて学ぶことがいかに楽しいかを語ってくれました。建物の床板の厚さや柱と柱の間隔が決められていくプロセス、壁の高さにあわせて鉄骨を選ぶことなどを、彼は心から楽しんでいます。

ジェイは仕事への情熱を家庭にも持ち込み、自宅を常に改築しています。

「家で少しでも時間があると、建物の基礎デザインや新しい工法について調べてるね」

ジェイは、仕事の幸福度が高い人の典型です。彼らは仕事を「嫌だけどやらなければいけないもの」とは考えていません。それどころか、**仕事と趣味の境目がない**のです。彼らは自分の仕事が本当に好きで、それゆえにプライベートな生活にも〝仕事への熱意〟があふれ出し、流れ込んでしまうのです。

仕事に熱意を持てないと、職場は戦場になる!?

すばらしい週末と苦役の平日——この大きなギャップが「なぜ心臓発作が月曜日に起こる割合が高いのか」を説明してくれます。

前述の研究でも、回収した唾液サンプルのコルチゾールレベルから、生理的なストレスが平日と休日とで大きく変動することがわかってきました。ある一部の人にとっては、日曜から月曜へと曜日が変わることは、精神的な苦しさに加えて、肉体的にも大きな負荷がかかることなのです。

コルチゾールは、免疫力を抑え込む一方で、血糖値と血圧を押し上げるストレスホルモンです。本来コルチゾールは、生命が危険にさらされるような状況、つまり〝逃げるか、戦うか〟というような状況の時に必要なホルモンです。

現代社会では、そこまで危機的な状況が起こることはまれですが、人体はさまざまな状況を深刻に受け止めて、自動的にコルチゾールレベルを上げてしまう傾向があり、それが問題を引き起こします。

たとえば、職場でマネジャーから文句を言われたり、業務が思い通りに進まずイライラしているとき、コルチゾールレベルは急激に上昇します。コルチゾールが一気に上昇すると、血液が血管中にドッと流れ、心拍数が上がり、呼吸が浅く早くなります。

あなたの体の内側でそんな変化が起こっているとき、周りの人には、あなたの瞳孔が開き、額に玉のような汗をかき始める様子が見えているかもしれません。

この〝逃げるか、戦うか〟反応は、生命の危険にさらされるような本当に危険な状況のときには役立ちますが、交通渋滞にはまったときや、会議で話し合いが白熱しているときには役立ちません。しかし、**脳は今直面している状況が、生きるか死ぬかという危機的な状況かどうかは区別できない**のです。

ですから「仕事に熱意を感じられない人」は、日曜日が終わり月曜日を迎えるときには、まるで戦場に向かうようなストレスを感じているのです。

仕事への熱意が健康状態をよくする

仕事の幸福度が高い人は、うつ病のリスクは低いのでしょうか。

ギャラップ社はこの点を明らかにするために、大掛かりな調査を2008年に実施しました。会社員を無作為抽出し一定期間ほぼ定期的にインタビューやアンケートに答えてもらうという調査です。

まず最初に協力者1人1人の〝仕事への熱意レベル〟を測りました。それから今までうつ病と診断されたことがあるかどうかを質問し「ある」と答えた人は分析から外して、うつ病と診断されたことが「ない」人だけを対象に調査分析を続けました。

翌年「過去1年間にうつ病と診断されましたか?」と質問したところ、協力者全体の5%が新たにうつ病と診断されていました。

より細かく見ていくと〝仕事に熱意を持てない〟人は〝仕事に熱意を持っている〟人に

比べ、約2倍の比率でうつ病と診断されていました。うつ病の原因はさまざまですが、仕事に熱意を感じられない状態が続くと、うつ傾向が強くなる可能性があると言えます。

ネガティブな話が続いたので、今度は希望が持てる話をしましょう。

〝仕事に熱意を持てば持つほど身体的な健康度も高まる〟というデータがあります。

また、仕事に対する熱意の変化と、血中のコレステロールとトリセルグリド（血清脂質の一種）レベルの関係を、6カ月ごとにチェックしながら2年間にわたって追跡調査した研究もあります。

この研究から、仕事に対する熱意が増すほど、血中のコレステロールとトリセルグリドのレベルが著しく減少していることがわかりました。逆に、仕事に対する熱意が弱まるに従って、血中のコレステロールとトリセルグリドの合計値は増加します。

この結果は、職場における日々の体験が、私たちの健康に直接的に影響する可能性を示唆しています。仕事の幸福度を引き上げることは、長期間にわたる健康を維持するために、最優先すべき重要なことなのかもしれません。

一番楽しくないのは「上司と一緒の時間」

行動科学の研究者と行動経済学者は、近年、人々の時間の使い方に関心を持ち、研究対象としています。

この調査は生活時間調査と呼ばれ、人が「自由な時間に何をするか」「だれと過ごすか」「1日を通してどんな気持ちでいるか」などについて詳細に調べるものです。この調査によると、さまざまな時間の中で**人が一番楽しくないと感じる時間は「自分の上司と一緒にいる時間」**だということがわかりました。

この調査では、調査協力者に「自分の周りのさまざまな人のだれと一緒にいるときが楽しいと思うか」と質問し、友達や親戚、自分の子どもから職場の同僚にいたるまで順位付けをしてもらいました。

その結果「自分の上司と一緒にいる時間」が最下位でした。しかも、洗濯や掃除などの家事をしている時間よりも低い順位だったのです（上司と一緒にいるくらいなら、家で家事をしている方がずっとマシ、ということです）。

スウェーデンで約３０００人の就労者を対象に行われた調査では「自分の上司は無能だ」と思っている人は、そうでない人に比べて、深刻な心臓病のリスクが24％も高いという結果が出ました。

前述の生活時間調査の結果のように「無能なボスと一緒にいるくらいなら家でつまらない家事をしてる方がマシだ！」と思う人が多いのなら、心臓病のリスクが高いという結果にも納得がいきます。実際、自分が無能だと評価している上司のもとで4年以上仕事を続けると、心臓病のリスクは39％に跳ね上がります。

ギャラップ社がこれまで調査した結果、**仕事に熱意を失う危険性が最も高いのは「自分の上司は、部下である自分にまったく関心を持っていない」と感じている人**でした。

もし、あるマネジャーが「部下の発言にまったく関心がなく、部下がどんな状態にあるか気にしない」と思われているとしたら、そのチームメンバーの40％以上は、職場に対して強い不満を感じ、自分の仕事にまったく熱意が持てず、仕事に何らかの実害をもたらす可能性があります。

もし、あるマネジャーが「部下にあまり意識を向けない」もしくは「部下の弱みに意識が向いている」場合（つまり、まったく関心を持たないマネジャーよりも少しだけマシな場合）、職場や仕事に不満を持つチームメンバーの割合は、22％にまで下がります。

逆に、マネジャーが**「部下の強みに意識を向けている」人である場合、そのチームで職場に不満を持つ人の割合は全体の1％（＝100人に1人）まで下がります。**これほどまで、上司の影響力は大きいのです。

会社では自分の上司を選ぶ自由はありません。ですから、部下と上司の人間関係が、1人1人の健康状態や仕事への熱意、そして「人生全体の幸福」にどれほど大きく影響するか見落としがちです。

「仕事の幸福」が得られないことに苦しんでいる人は、こう言いたいのかもしれません。「職場で問題に気がついて上司にそれを伝えた時、しっかりと聞いてもらえなかったら、製品の品質は確実に落ちていきます。それは、とても不幸なことです。だって、自分はいい仕事をしたいと思っているんですから。あなただって、自分の上司に相談をもちかけて、ちゃんと聞いてもらえなかったり、ないがしろにされたら、やる気をなくすと思いませんか？」

こう考えると、新しい仕事を探している人は、仕事の内容や役職、給料や福利厚生、会社の評判だけでなく、自分の上司となる人がどんな人か、よく調べる必要があることがわかるでしょう。

「仕事の幸福」が寿命を決める

仕事とは、楽しいものではなく、やらなければならないものだ――こういう前提で多くの人は日々を送っています。この認識は抜本的にまちがっているのですが、世界中の経済モデルや社会認識に深く刷り込まれてしまっています。

その結果多くの人は、労働時間を（1日の労働時間、総労働時間数も）できるだけ短くするように努力しています。

しかし、皮肉なことに、定年退職の日が近づいてくると、人は「まったく仕事をしなくなったら、毎日の生活がいかに退屈か」ということにふと気がつくのです。実際、ある調査では、仕事をしている50代の約3分の2が「定年後も働き続けたいと思う」と回答しています。

ギャラップ社の創設者ジョージ・ギャラップが1958年に行ったある調査では、**人が90歳以上まで長生きできるかどうかは「仕事の幸福」次第**であることが明らかになっています。この調査で、彼は95歳以上のアメリカ人を何百人もインタビューしました。

1950年代のアメリカでは、男性は平均65歳でリタイアしていましたが、95歳以上まで長生きしている人は、平均80歳まで働いていました。しかも驚くべきことに、彼らの93％は「仕事に非常に満足していた」、86％は「仕事がとても楽しかった」と答えていたのです。

「強み」を使えば、仕事は楽しくなる

「仕事が楽しい」と思える人に共通する点がいくつかありますが、その中で最も重要なのは、「毎日、強みを使う機会がある」ことです。

自分の弱みや失敗に意識を向けるよりも、うまくいっていること、自分の強みに目を向

けて日々を送る方が、人は多くのことを学び成長できます。

ギャラップ社の調査では、自分の強みを活かして仕事をしている人は、弱みに意識を向けて仕事をしている人に比べて、仕事に熱意を感じて楽しんでいる割合は6倍、人生を心から楽しんでいる割合は3倍という結果が出ています。

自分の強みを活かして仕事をしている人は、週40時間の業務時間を楽しんでいます。一方、**自分の強みを活かせずに仕事をしている人は、週20時間までは元気に働けますが、20時間を超えたあとは、働けば働くほど疲れてしまいます。**

これはアメリカだけの現象ではなく、世界的に同じ傾向です。


もちろん、自分が大好きな仕事をしている人であっても、仕事でイライラしたり疲れ果てたりすることがないわけではありません。

いくら好きな仕事であっても週60時間以上働き続ければ、疲れてしまいます。しかし、週20時間仕事をしただけで疲れてしまうならば、あなたの強みを活かせる別の仕事か、別の職場を探した方がいいのかもしれません。

この章のまとめ：仕事の幸福とは

仕事の幸福度が高い人は、毎朝ワクワクして目覚めることができます。家で仕事をしている人でも、学生でも、会社で仕事をする人でも同じです。

日々、自分の強みを活かすチャンスに恵まれ、強みを磨いて成長できていると、毎朝期待とともに目覚めることができるのです。

仕事の幸福度が高い人は人生の目的（＝自分の使命）がはっきりしていて、それを達成するための中間目標もはっきりしています。その1つ1つの中間目標を達成するためのプランも持っています。

そういう人は、マネジャーや友達にも恵まれています。彼らのマネジャーは、未来に対しての彼らの努力を心から応援し、友達は情熱を持って物事に取り組んでいることを、喜んでくれています。

「仕事の幸福度が高い人は、実は働き過ぎなのではないか？」と思われる人がいるかもしれません。

しかし実際のところ、彼らは仕事の幸福度が低い人より、仕事もプライベートも楽しんでいて、人間関係も良好です。

また彼らは、日々の生活や仕事や人間関係がうまくいっていることを当然だとは思っていません。日々の仕事や生活1つ1つに感謝し、大切にしています。

Point

仕事の幸福度を高める 3つの習慣

1.

自分の強みを毎日活かせるように仕事を組み立てる。

2.

自分の成長を応援してくれる人を見つける。
その人に、自分が成し遂げたい目標を伝えて
サポートしてもらう。

3.

職場の仲間、チームメンバーと一緒に楽しむ時間を持つ。
お互い相手に関心を持って、
相手のことを知ろうと努める。

2章

人間関係の幸福とは？

これまでの人生で印象に残っている出来事や体験を思い出してみてください。

そこには共通点があるはずです。それは〝自分以外のだれかの存在〟です。最もうれしい瞬間も、最もつらい瞬間も、そこにはだれかが関わっていたはずです。

私たちは、人とのつながりが、どれほど自分の人生への影響があるかを過小評価しがちです。周囲の人との人間関係は、人の欲求や期待、目指すゴールにまで大きな影響を与えており、科学的な研究も進んできています。


感情は、人から人へとすばやく伝わるものです。

友達が喜ぶ姿を見ると自分まで自然と笑顔になり幸せな気分になるし、いらだつミーティングが夜遅くまで続いたあとに帰宅すると、イライラした気分は配偶者にまで伝染します。人の気分や感情は、周囲の人とたがいにシンクロしているのです。

幸福は人から人へと〝感染〟する

ハーバード大学が1万2000人以上を対象に、30年以上にわたって追跡した研究によると、日々接している家族や友人が幸せを感じていると、幸せを感じる可能性が15％高まるという研究結果が出ています。

しかも、幸福《ウェル・ビーイング》は直接知らない人にまで影響します。

あなたにAさんという友達がいるとします。Aさんの友達Bさんが幸せを感じていると、あなた自身はBさんを直接知らなくても、Bさんの幸せがAさんに影響し、さらにその影響を受けてあなたの幸福度は10％高まります。幸福は次々と周囲の人に影響を与えていくのです。

このハーバード大学による大規模な社会的実験で、人の幸福度は自分から数えて3人目まで影響することがわかりました。

具体的には**「あなたの友達の友達、そのまた友達の幸福度が高いと、あなたの幸福度は6％向上する可能性がある」**ということです。逆に、あなたが幸福を感じていると、あなたの配偶者、配偶者の同僚を経て、その同僚の家族が幸福を感じる可能性が6％高まるということもできます。

〝6％の幸福〟というのは注目するほどの数値には見えないかもしれませんが、収入に換算すると、この影響の大きさが実感できるでしょう。

ハーバード大学の研究では、年収が1万ドル（約80万〜100万円）増えても幸福度は2％しか増えないことがわかりました。この結果を踏まえて、研究者は**「幸せになりたいなら、収入を増やすよりも、よき家族や友人との関係を強める方が効果的」**だと結論付けています。


この研究に参加したハーバード大学のニコラス・クリスタキス教授は、こうコメントしています。

「意識するしないにかかわらず、人は周囲の人々との関係に深く組み込まれています。1人の健康と幸福は、周囲の人の健康と幸福に影響します。つまり、1人の幸福は、個々人の中で完結するものではなく、人類全体の幸福につながる、ということです」

クリスタキス氏は、人間関係が、人の生活習慣や行動パターン、そして健康にどれくらい影響しているかも調べています。

喫煙を例に挙げると、もしあなたが日々接している家族や友人のだれかが喫煙者だと、あなたが喫煙者になる可能性は（周囲に喫煙者がだれもいない人よりも）61％高まります。あなたから数えて2人目の知り合い（あなたの友達の友達、家族の友人など）が喫煙者である場合は29％、その先の3人目が喫煙者である場合は11％高まります。

この結果を見ると、ここ20～30年間で喫煙者が半減した理由には、仲間からのプレッシャー（身近な友人が非喫煙者であれば、自分も禁煙しなければいけないように感じる）が大きく影響していることが理解できるでしょう。

職場など、どこか1つの場所で禁煙活動が受け入れられると、その影響は家族や友人にすばやく広がっていきます。実際のところ、ハーバード大学の研究が行われていた1971年から2000年の間に、この〝ネットワークの影響力〟で喫煙者は禁煙へと徐々に追い込まれています。

肥満も人から人へと〝感染〟する!?

〝ネットワークの影響力〟は、体重にも影響を与えます。

もし、あなたの友人が太っていると、あなたも太る確率は57％上昇します。あなたの兄弟姉妹が肥満になった場合、あなたも肥満となる確率は40％高くなり、あなたの配偶者が肥満になった場合は、37％の確率であなたも肥満となります。

食習慣や運動習慣は、気づかないうちに友人とよく似てくるものです。

もし、あなたの親友がとても活動的な人だったら（そういう友人がいない場合と比べて）、あなたも活発に運動するようになる確率は約3倍になります。

もし、あなたの親友が健康的な食生活を送っている人だとしたら、あなたを含め周りの友人たちも健康的な食生活を送る確率が5倍以上になることもわかっています。

人の食習慣は、両親よりも親しくしている友人の食習慣からずっと大きな影響を受けるのです。つまり、**身近で親しい人は、遺伝的な要因よりも、強く健康に影響を与える**ということになります。

この事実は逆に利用することもできます。つまり、健康的な習慣を取り入れるためには、人間関係をうまく組み合わせると、相乗効果が期待できるのです。

ギャラップ社の調査に協力してくれた教師のケリーは「人間関係の幸福」と「身体的幸

福」の2つの要素で非常に高い成果を出していました。彼女は、自分の健康には友人関係が不可欠であることを次のように説明してくれました。

ケリーの夫は、朝起きるとすぐにスポーツジムへ行くタイプで、ケリーに「もっと体を動かした方がいいよ」と言い続けています。実際2人は外で体を動かすことにかなりの時間を費やします。

しかし、ケリーが毎日運動し続けられているのは、実は友人リサのおかげです。2人は毎朝ケリーの家で待ち合わせて、最低4マイルはウォーキングをします。2人がそろわないと出かけられないので、ウォーキングはおたがいにとっての共同責任です。約束することで、たがいに挫けないようにしているのです。

だれかと一緒なら、やる気が出るものです。外で体を動かすのは気が進まなくても、友達と一緒だと「行こう」と思えます。

ケリーにとって友情は生き甲斐です。彼女は「もし1人で体を動かさなければならないとしたら、本当に気が重いと思います」と言っています。

「リサが2、3日町を離れているときは、いつもより早起きしてウォーキングをさっさと済ませてしまうんです。そういうときは、歩くことを〝嫌だけどやらなきゃいけない仕事〟みたいに考えているかな。運動が体にいいことはわかってる。だから、さっさとやっつけちゃうわけ。終わると幸せな気分になれるしね」

「リサが用事で何日間か家を空けているときは、ちょっと怠けグセが出て運動をさぼっちゃうこともあるけどね……」と、ケリーはこっそり教えてくれました。

ケリーはリサが一緒のときは「時間があっという間に過ぎてしまうくらいに楽しい」のです。彼女はインタビューの最後に「友達と一緒に運動したときは、1人で運動するときと比べものにならないくらい1日中いい気分でいられる」と話してくれました。

人間関係には治癒力を高める力がある

親しい友人との関わりには、健康に効果のある何かが存在しているようです。

つらい思いをしているときでも、友人はそれを和らげてくれます。その結果、心臓や血管の機能は高まり、ストレスが緩和されます。

逆に、人間関係の結びつきがほとんどない人は心臓疾患で死亡するリスクが2倍近くに上昇します。人込みに出ないので、病原菌に接触する機会が少ないのにもかかわらず、風邪を引く確率も2倍になってしまいます。

〝最も身近な人との人間関係が健康にどのような影響を及ぼすのか〟を調べるために、ある研究グループが、怪我が完治するまでにかかる時間がストレスレベルによってどれくらい異なるかを測る実験をしました。

この研究グループは42組の夫婦に協力を依頼しました。まずはじめに、これまでの夫婦関係の善し悪しについて自己申告してもらったあと、彼らの腕に小さな傷を数カ所作って傷の治り具合を測定しました（実験は医師の監督下で行われました）。

その結果は、**「自分たちは仲が悪い」と申告した夫婦は（「仲が良い」と申告した夫婦に比べ）、怪我が完治するのに約2倍の時間がかかりました。**これは言い換えると、あなたが最も身近なだれかと険悪な関係にあったら、手術や大きな怪我からの回復が遅れる可能性があるということです。

人間関係と健康状態の関係についての研究が進むにつれて、人が何らかのダメージから回復する際に（これまで考えられていたリスク要因と同じかそれ以上に）「人間関係の幸福」が、大きな影響力を持っていることが明らかになってきました。

この研究では〝実際の距離の近さ〟が意味を持つことも明らかになりました。

あなたの家から1マイル（1・6㎞）以内に住んでいる友人は、それより遠くに住んでいる友人よりも、あなたの幸福により大きく影響します。実は、すぐ隣に住む人の幸福でさえ、あなたの幸福に影響を及ぼしています。

一見すると関連性がないような人間関係も含めた人間関係全体が、健康や日々の習慣、そして「人生全体の幸福」と密接に関係しているのです。


身近な友人関係はたがいに大きく影響し合って、まるでさざ波のように波及していきます。だれかが健康や幸福にプラスになるよう行動すると、周囲の健康や幸福を高め、その効果はまた本人自身に返ってくるのです。

言い換えると、**周囲の人の幸福を高めるためになるような〝投資〟をすると、確実に〝リターン〟が得られる**と言ってもよいでしょう。自分の周りの人々のために何かすることは、実は自分自身の幸福をより高めるために非常に効果的なのです。

だれかと一緒に過ごす時間が幸福感を高める

一緒に過ごす人との親密度や距離感に加え〝時間の長さ〟にも意味があります。

前述の研究によれば、人が活き活きとした1日を過ごすためには、だれか他の人と一緒に過ごす時間が6時間必要です。言い換えると、**毎日6時間以上人と関わる時間を持っていると幸福度が上がり、ストレスや不安は小さくなります**。

「1日に6時間も人と関わる時間を持つなんて無理だ！」と思われるかもしれませんが、この時間には、仕事をしている時間や家で過ごしている時間、友達と話している時間、電話やメールをしている時間などのコミュニケーションの時間が含まれます。

もし、だれかと関わる時間がゼロだったとしたら、その日が〝いい1日〟になるか〝いやな1日〟になるか、その確率は半々です。その日にだれかと関わる時間が増えれば増えるほど、その日が〝いやな1日〟になる確率は急速に低下します。

たとえば、だれかと接する時間が1日に3時間あれば、その日が〝いやな1日〟になる確率は10％低下します。何らかの形でだれかとコミュニケーションを持つ時間が増えれば増えるほど、その日が〝いい1日〟になる確率は高くなるのです。

ただし、6時間を超えるとその確率に変化はなくなります。人間関係の時間は1日6時間までで十分なのです。

コミュニケーションをとる時間を毎日6時間も作るのはハードルが高過ぎる、と思われるかもしれません。しかし「人間関係の幸福」がうまくいっている人は、平均して1日6時間を人間関係に使っています。

「自分は内向的だから無理」「平日はなんとかなるとしても、1人暮らしなので週末はそうもいかない」など、いろいろな事情もあるでしょう。しかし、前述の研究では、**内向的な人でもコミュニケーションの時間を少しでも長く持つと、人生の全体的な質を高める効果がある**ことが明らかになっています。

内向的な人は外交的な人に比べると、絶対的な時間の長さは短いかもしれません。それでもその時間が少しでも長くなると大きな効果があると言えます。しかもその効果は、若い年代よりも年配者の方が大きいのです。

50歳以上の約1万5000人に対して行われたある調査では、人と関わる活動に積極的に参加している人は、1人で過ごす時間が多い人と比べて、記憶力の低下が半分以下になるという結果が出ています。

職場に最高の友人と呼べる人がいますか？

ギャラップ社では、職場での友人の重要性についても大規模な調査を行っています。

ギャラップ社が過去何十年間にわたって、世界各国の会社員約1500万人に問い続けてきた質問の1つは「職場に最高の友人と呼べる人がいますか？」という質問でした。

この調査は「社員1人1人がやる気にあふれて生産性が高い職場と、やる気が低く生産性も低い職場は何がちがうのだろう」「どんな質問をすると今の職場の活性度を把握することができるだろう」といったことを把握する目的で始まりました。

調査の結果、職場の活性度や社員のやる気を把握することができる12の質問が明らかになりました。「職場に最高の友人と呼べる人がいますか？」という質問は、その12の質問の1つです。

〝最高の友人〟という言葉は耳慣れないかもしれませんが「職場にいい友人がいますか?」とか「職場に親友がいますか?」という質問では、実のところ生産性が高くやる気に満ちた職場と生産性が低い職場で回答に差はありません。

ところが「最高の友人がいますか?」というハードルの高い質問では、生産性が高い職場の方が圧倒的に「はい」と答える比率が高かったのです。

この大規模調査で「職場に最高の友人と呼べる人がいますか?」という質問に「はい」と答えた人は全体の30%でした。この30%の仕事へのエンゲージメントレベル(仕事の成果や顧客満足に対するコミットメント、仕事に対して常にベストを尽くそうとする強さ)は、「いいえ」と答えた人の7倍にも達しました。さらに彼らは、健康状態や人間関係など、幸福度全体の数値が(「いいえ」と答えた人に比べて)圧倒的に高いのです。

別の角度から見ると**〝職場に最高の友人がいない〟会社員が仕事に熱意を持って取り組み成果を出せる可能性は〝職場に最高の友人がいる〟会社員の12分の1**しかありません。

職場の人間関係は、仕事のやる気と成果を高める

職場に親友以上の〝最高の友人〟が存在することが、なぜそんな大きなちがいを生じさせるのでしょうか。それを解明するために、ギャラップ社は職場の1日を通じて起こるどんな瞬間のどんな経験が幸福とエンゲージメントの高さにつながるのかを調べました。

その結果、最も重要な要素は、その人が〝何をしているか〟ではなく〝だれと一緒にいるか〟であることがわかりました。最高の友人と共に働けることは、仕事のやる気を高め、困難な状況の中でも共に成果を出すことにつながっていたのです。

職場における〝仕事以外の会話〟の影響力を指摘するデータもあります。

マサチューセッツ工科大学が、会社員が終日身につけているハイテク身分証明書に、1日の行動と会話をモニターできる小さな機材を取り付けてもらい分析した結果、実はちょっとした、たわいのない雑談が、職場の生産性を高める上でとても重要だ、ということが明らかになっています。

職場に最高の友人と呼べる人がいることは重要ですが、たとえ友人同士でなくても、**職場のだれかと会話を交わすなど、ほんの少し人間関係が強まる行動で生産性は大きく向上する**こともわかりました。

自分の職場はあまり人と接する機会がなく、親密な友人どころか、だれかとちょっとした会話をすることもむずかしい、という人もいるかもしれません。そんな場合でも、人間関係の幸福度を高めることは可能です。

自分や同僚の「人間関係の幸福」向上に取り組んでいるプロジェクトマネジャー、ローランド氏は、次のように述べています。

「私が一番よく一緒に仕事する3人の同僚は、国中に散らばって住んでいて、全員が実際に顔を合わせるのは年に数回しかありません。仕事の連絡を取り合うのはもちろんですが、それ以外でも毎日のように政治やスポーツのことをメールし合います。週末でも連絡し合いますよ」

近年、業務時間中に個人的なメールを送ってはいけない、など仕事とプライベートを分けて管理しようという企業も出てきています。しかし、最も先端をいく企業では、**コミュ**

ニケーション・ツールは業務を効率よく行うためだけでなく、従業員がたがいに個人的なつながりを持つためにも活用すべきであることが理解されているのです。

幸せな親友はあなたを幸せにする

人間関係の幸福度を高めるには、まずは親友を持つことです。その親友との関係の質が、あなたの健康状態と幸福にとても重要な役割を果たします。

既婚者は夫婦おたがいが一番身近な親友になりますが、夫婦関係がこじれていると健康状態が悪化し老化が加速する、という研究結果も発表されています。

心を分かち合える親友が1人増えるたびに、日々の生活の豊かさが増します。

ギャラップ社が幸福度に関して行った調査では、親友が3、4人以上いる人は、親友が1人もいない人と比べて、健康状態や幸福度、仕事へ熱意とコミットメントがより高いことが明らかになっています。逆に、親友が1人もいないと、孤独、退屈、うつなどにつながる可能性のあることが指摘されています。

ハーバード大学の研究では**「日々の生活に幸せを感じている友人が1人増えるごとに、幸せになる可能性は約9％ずつ高まる。反対に、日々の生活が不幸だと感じている友人が1人増えるごとに、幸せでいられる可能性は7％ずつ低下する」**と報告されています。親友が増えるたびに幸福度が高まるように見えるのは、このためかもしれません。

1人の友人にすべてを期待しない

一連の幸福度調査の協力者の1人であるスコットは、人間関係の幸福度を高めるために、身近な親友の存在がどのような影響を及ぼしてきたか説明してくれました。

彼にとって、心から信頼できる親友の1人は父親です。彼の父はいつも彼に良い質問を投げかけ、仕事のやる気を高めてくれます。

彼にとっては妻も最も大切な親友です。スコットよりも社交性が高い彼女は、彼が多くの人々といい人間関係が持てるようにサポートし続けてくれています。「自分1人ではこんなにたくさんの友人と良い関係を築くことは不可能だった」と彼は言います。

彼はまた、職場でも多くの同僚と固い絆で結ばれています。彼らは団結して、経済的な問題、人間関係の問題、仕事上の対立、健康上の問題などでもたがいに助け合っているのです。

スコットは、1人の友人にすべてを求め過ぎて大切な関係を損なってしまわないように、さまざまな友人同士のネットワークを活用しています。

ギャラップ社の調査では、自分が最も親しくしている親友に対して自分が提供できていることと、自分がその親友から得ているものが「大きく異なっている」と答えた人は80％以上を占めています。

言い換えると、友人たちに対して自分が得意なことを提供し、それぞれの友人たちからも、各自の得意なことを提供してもらう、そんなふうにたがいに**1人に依存せずに、何人かの友人の強みに意識を向ける**ことがすばらしい関係を築く鍵だと言えます。

この章のまとめ：人間関係の幸福とは

人間関係の幸福度が高い人は、彼らが何かを成し遂げたり、人生を楽しんだり、健康でいることを応援し、成長に手を貸してくれる親しい仲間に囲まれています。

人間関係の幸福度が高い人は、周囲の人にめぐまれたラッキーな人なのでしょうか？

そんなことはありません。彼らは、仕事の時間も含めて、毎日ほぼ6時間程度の時間をコミュニケーションのために使っています。さらに、意識的に時間を作って、仲間と集まったり、共に旅をすることで絆を深めています。

その結果として、彼らはすばらしい人間関係を持ち、そこから毎日ポジティブなエネルギーを得ることができているのです。

Point

人間関係の幸福度を高める3つの習慣

1.

友人、家族、同僚と過ごす時間を1日合計6時間以上取る。
この時間には、仕事の時間、家にいる時間、
電話やメールをしている時間、
その他のコミュニケーションの時間などを含んでよい。

2.

友人関係の絆を強める。

3.

運動の時間を人間関係のために利用する。
たとえば友人と一緒にウォーキングして、
おたがいに健康へのモチベーションを高め合う、
といった方法を取るとよい。

3章

経済的な幸福とは？

これまでギャラップ社では「人生におけるお金の重要性」をテーマに数多くの調査を行ってきました。その結果、経済学者や資産管理の専門家がこれまでに構築してきた理論や仮説には、疑問の余地が大きいことがわかってきています。

これまで揺るがない定説だと思われていた「人々は最適な貨幣利得をもたらす合理的な意思決定を行う」という古典経済学の中核原理も、正しいとは言えなくなっています。また、〝個人資産管理の神様〟と思われていたような人物のアドバイスでさえ、あてにできなくなっています。

ギャラップ社の調査結果で最も特筆すべき点は「人が持っている所持金や資産額の多少が『経済的な幸福《ウェル・ビーイング》』を左右し、ひいては『人生全体の幸福』を左右する」という従来の基準は、もはや最適な尺度ではなくなっているということです。

幸せにはお金が必要か？

多くの本や新聞・雑誌の記事では「人の幸福を総合的に見たときに、お金はさほど重要ではない」と書かれています。その根拠として、それらの本や記事では、宝くじに当たった人が数年後にはそれほど幸せではなくなっているという調査結果を引き合いに出してお金の弊害を訴えています。

また「収入は最低限の基本的な生活を支えるところまでは欠かせないが、それ以上にお金を持つことは幸せにはつながらない」と強調する記事もあります。加えて、テレビや新聞などのメディアは、裕福でありながらさまざまな問題を抱えたお金持ちの話題を、ひっきりなしに取り上げています。


「幸せになるために収入の多い少ないは関係ない、幸せになるチャンスは収入に関係なくだれにでもある」というのは、悪くない考えです。

しかし、ギャラップ社の調査では、世の中はそのようになっていませんでした。132カ国で行った調査では、**各国1人当たりのGDP（国内総生産）と幸福度には明らかに密接な相関関係があります。**この相関性は私たちが想像するよりもはるかに強力だということもわかってきました。

誤解を恐れずに言えば、経済的に裕福な国は、より多くの幸せに満ちています。お金で幸せが保証できるわけではありませんが、経済的に豊かな国は、そうでない国よりも、よりよい人生への可能性が広がっています。

お金は価値ある貴重なものです。自分と家族のための食料を買うにしても住む場所を確保するにしても、お金は大切です。

国によって裕福と貧困のレベルが大きく異なるように、幸福度の平均値は、西アフリカのトーゴ共和国と北欧のデンマークでは大きく異なっています。

この数値のちがいは、食料（「ちゃんとした食事」と「何であれ食べられる物」の差）や住環境（「住宅」と「シェルター」の差）や安全性（「安全な環境」と「過激な暴力がはびこる環境」の差）といった状況の差が大きく影響しています。実際、アフリカ諸国では、調査対象の56％が、過去1年間に「家族が飢えた時期があった」と答えています。

国民所得が少ない国では、病気などによる痛みが身体的な幸福度を下げる主な原因です。お金があれば、基本的な治療を受けることができ、肉体的苦痛は軽減されて幸福度は向上します。

つまり、**世界の多く国の人にとって「食べられるものを手に入れること」「病気になったら診療してもらうこと」「住む場所を確保すること」「安全に生きること」など、基本的なニーズのためにお金は必要不可欠**なのです。

経済と国民の幸福度

裕福な国の国民の方が、幸福度は高い。

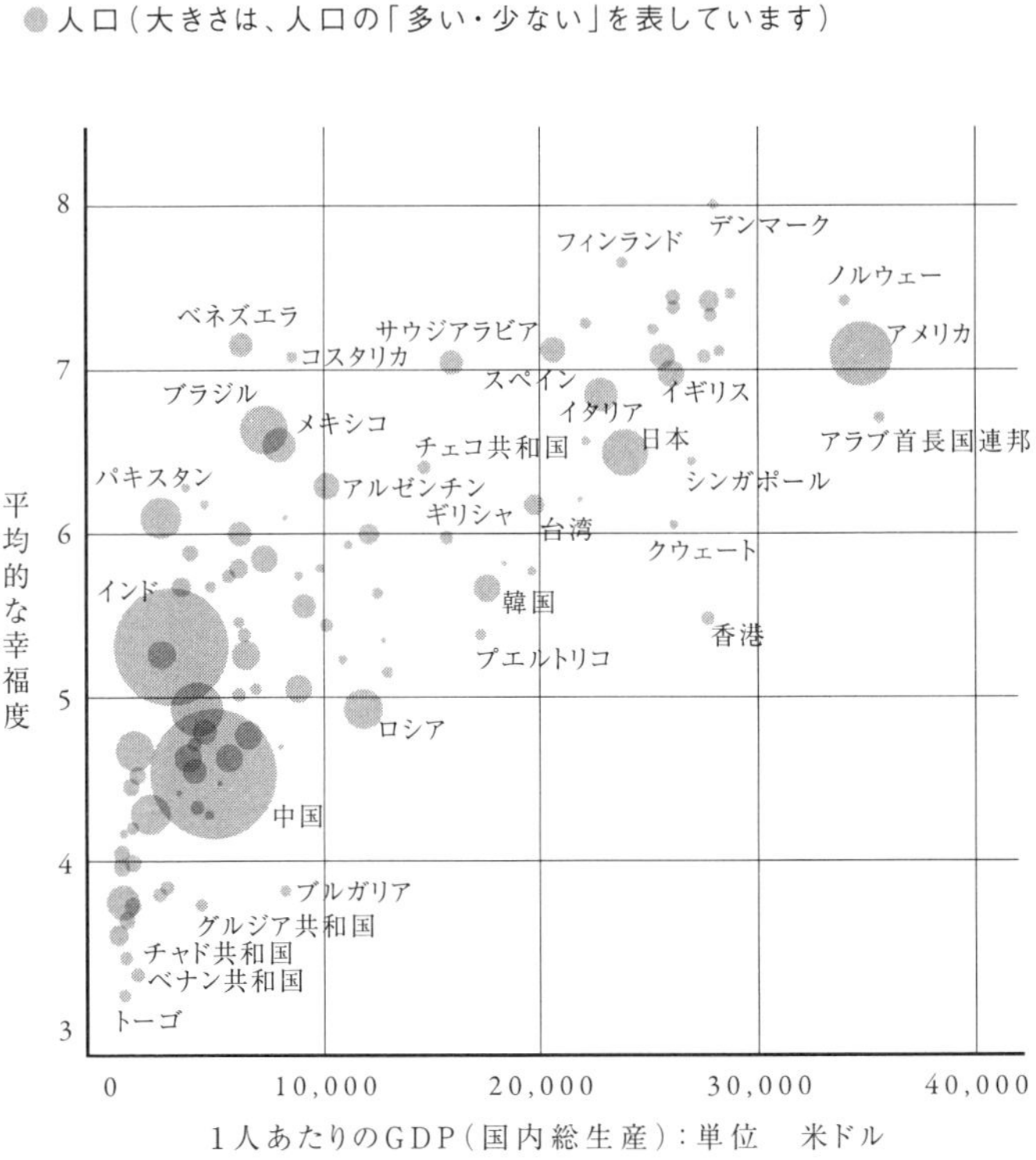

出典：Cantril Self-Anchoring Striving Scaleを用いたギャラップ・グローバル・リサーチ

国民所得が中レベル以上の国々では、幸福度のちがいは〝日々の楽しみや快適さを得られるお金をどれくらい持っているか〟で説明できます。

一般的に言ってお金をたくさん持っている人は、何かをしたいと思ったときに迷わずに実行できます。「通勤時間を短縮する」「家庭で家族と過ごす時間を長くする」あるいは「友達ともっと一緒に時間を過ごす」など日々の生活の過ごし方についても、お金があれば難なく解決できることが多いからです。

幸せになるお金の使い方とは？

ハーバード大学の研究グループが、自分のためにお金を使ったときと、だれか他の人のためにお金を使ったときに感じる幸福度のちがいを調査しています。

その結果は、自分のための買い物ではさほど幸福度が高くなりませんでした。それに対し、他の人のために買い物をした場合は、自分で稼いだ金額と同じくらいの幸福度が得られる、ということが明らかになりました。

もう少し具体的にわかりやすく言うとこういうことです。

自分のために1万円の買い物をしたときと、だれかのために1万円分のプレゼントを買い物した時を比べると、プレゼントにお金を使ったときの方が幸福度が高くなります。また、自分で仕事をして1万円を稼いだときの喜びと、他の人に1万円のプレゼントをするときの喜びは同じくらい、ということです。

この研究グループは、会社から予期せぬ特別賞与をもらった人たちを対象に「お金の使い方と幸福度」についても追跡調査を行いました。

お金の使い方は人によってさまざまでした。特別賞与を、家賃や住宅ローン・請求書の支払いや、何か自分のための物を買うために使った人もいれば、だれかのために何かを買ったり、慈善事業へ寄付することに使った人もいました。

お金の使い方によって、幸福度はどう違ったか予想できるでしょうか。

おそらくあなたの予想通り、自分のためにお金を使った人よりも、だれかのためにお金を使った人の方が幸福度は大きく高まったのです。

また「お金の使い方と幸福度」について、個人の1日の消費行動を追跡調査する研究も行われています。

この研究に協力した人たちは、毎日5ドルもしくは20ドル入りの封筒を受け取り、その日の夕方5時までに全額を使ってしまうように指示されました。

彼らは、受け取ったお金を、①自分用の物に使うグループ、②だれかへのプレゼントに使うグループ、③慈善事業に寄付するグループの3グループに、無作為に分けられました。

1日の終わりにそれぞれの幸福度を測定したところ、最初に受け取った金額と幸福度には何の関係も見られませんでしたが、お金の使い方では大きな差がでました。

この場合もやはり、プレゼントを買ったり、慈善事業に寄付した人は、1日の終わりに幸福度が大きく高まり、自分のためにお金を使った人の幸福度は変わらなかったのです。

悲しい時、ついつい買い過ぎてしまう理由

気分が落ち込んだときに、憂さ晴らしにクレジットカードでたくさんの買い物をしてし

まうことがありますが、こうした〝やけ買い〟は落ち込んだ心を本当に満たしてくれるのでしょうか。

行動経済学の研究で「人の気分が買い物にどのような影響を与えるのか」について実験が行われています。

協力者は2つのグループに分けられ、1つのグループは悲しい気持ちを誘発するビデオを見せられ、その後、ある品物を買うためにいくら払うかを質問されました。もう1つのグループは、ビデオは見せられず、同じ品物を買うためにいくら払うか、という質問だけされました。

その結果は、悲しい気持ちになった人がつけた値段は、そうでない人よりも約4倍も高くなりました。しかも、気持ちが最悪であればあるほど、高い値段をつけることもわかりました。

こんなにはっきりした結果が出たにもかかわらず、悲しい気分になる映像を見せられた人たちは「悲しいビデオを見たせいで余計に買い物したわけではない」と、ビデオの影響を否定しています。

この実験からわかることは、**気分が落ち込んでいるときには、自分では気がつかないう**

ちに必要以上にお金を使いがちで、後悔するような買い物をしてしまうということです。

自分のための買い物は、一瞬はうれしく感じるかもしれませんが、長い目で見ると幸福に結びつきません。憂さ晴らしの衝動買いは自分に対して経済的なダメージさえ与えます。やけ買いとはすっぱり縁を切った方がいいかもしれません。

経験と思い出にお金を使うと幸福は持続する

だれかと食事に出かけたり、休暇を取って旅行に行くなど〝物〟ではなく〝体験〟にお金を使うことは、自分自身の幸福度に加えて一緒に過ごした人の幸福度も高めます。

物を購入した場合、買った当初のうれしい気分や満足感は時間とともに徐々に色あせてしまいますが、お金を使って得た体験がもたらす幸福は長期間持続します。幸福度調査を実施していく中で、こんなこともわかってきています。

実際、旅行やパーティなど、楽しい体験にお金を使った場合、実際の楽しい経験に加えて、その日を楽しみに待つ時間と、時には何十年も忘れられないような思い出を得ることができます。

物は時間がたつと新鮮味を失いますが、思い出は心の中で長く生き続けます。外食や映画に出かけるなど、ちょっとした体験の購入でさえ、幸福度を高めてくれます。

思い出のためにお金を使うと、人と関わることで「人間関係の幸福」が満たされる上に、それが時間を経ても色あせることがありません。ですから「物より思い出」にお金を使うことは利にかなっているのです。

経済的な幸福度が高いグループの1人、スーザンが話を聞かせてくれました。

彼女は家計をしっかり管理している倹約家で、不要なものは買わないようにしています。一方で、孫を映画に連れて行くなど、生活を楽しむことや思い出に残るような経験のためには、意識的にお金を使います。

彼女の夫も、不要な物は節約し、楽しむことにお金をかけることに同意しています。とはいえ、楽しむことに潤沢にお金をかけているわけではなく、楽しみのために節約して貯金をしているのです。

私たちがインタビューのためにスーザン夫婦の家を訪れたとき、2人は友人夫婦と船旅を計画している真っ最中でした。

「（その友人夫妻と）これまで2回一緒に旅行して、とても楽しかったんです。それで『今度は船旅をしない？』って誘ってみたら喜んで賛成してくれて一緒に行くことになりました」とスーザンはうれしそうに話してくれました。

彼女は、物を所有することよりも、だれかと一緒に楽しむことができる経験にお金を使うことを心がけている結果、経済的な幸福度がとても高くなっているのです。


どんな人でも、物を買うより、人と楽しみを分かち合う体験にお金を使う方が幸福度は高まるのでしょうか。

年収別に見ると、年収が2万5000ドル（約200万〜250万円）未満の人は、物にお金を使っても経験にお金を使っても、幸福度にさほど変わりはありません。しかし**「年収が2万5000ドル以上の人は、物を買うよりも経験に出費した方が幸福度は2、3倍に高くなる」**という結果が出ました。しかも、年収が多い人ほど、その幸福度は大きく差がつきました。

物を所有する欲求がある程度満たされて初めて、体験を通して得られる幸福度が高まるようなシフトが起こるのかもしれません。

形ある物は、いつか新鮮さが薄れてあきてしまいますが、楽しい思い出にあきあきすることはありません。買い物では「もっと他の物を選べばよかった、失敗した」と後悔することが多々ありますが、いい思い出が後悔だらけになることはありません。

価値ある経験へ〝投資〟すると「思い出すたびにうれしい気持ちになる記憶」という、費やしたお金以上の〝リターン〟が手に入るのです。

〝比較のジレンマ〟は回避できるか？

古典的経済学では「人は自分にとって最も利益になるような合理的な判断を下すものだ」という考えを前提にしていました。ところが、最近の行動経済学の研究ではそうでないことが立証されつつあります。

実験してみましょう。次の2つの設定を見て、あなたならどちらを選びますか？
A　同僚の年収が2万5000ドル（約200万〜250万円）で、あなたの年収は5万ドル（約400万～500万円）。

B　同僚の年収が20万ドル（約1600万～2000万円）で、あなたの年収は10万ドル（約800万～1000万円）。

古典的経済学のモデルが正しければ、だれもが5万ドルより10万ドルを選ぶはずです。ところが、実際には約半数の人たちがAの年収5万ドルを選びました。絶対的な数字は半分であっても、周りの人たちと比べて2倍の所得の方を選んだのです。

つまり、絶対的な収入額や所持品の量（家の広さなど）よりは、他人と比較した相対的な量の方が重要だということです。合理的ではありませんが、人は必ずしも論理的には動かないのです。そうした性質は、次のような大きなジレンマをもたらすことにもつながります。

今年の秋、あなたの一戸建ての家に新しくテラスを作ったとしましょう。あなたは誇らしい気持ちでいっぱいの日々を過ごします。しかし、翌年の春になって、隣の家がもっと大きいテラスを増築したら、あなたはどんな気持ちになるでしょうか？

人はみな、どうしても自分と周りの人たちと比べてしまう性質があります。「お隣のテラスがわが家のものより大きくても、自分の家のテラスの価値は変わらない」と頭ではわかっていても、心理的には大きさや金額の比較によって自分を位置付け、結果的に果てしなく続く競争社会を作り出しているのです。

こうした〝比較のジレンマ〟を回避する方法があります。仕事の幸福度や人間関係の幸福度を高めれば〝比較のジレンマ〟に陥ることは避けられるのです。

ギャラップ社では、アメリカ国内の会社員を無作為に選び「今の給料についてどう思っているか、またそれは現在の仕事から考えて妥当だと思うかどうか」という質問をしてみました。

結果は、今あなたが心の中で感じた通り、そして研究者も予想した通り、ほとんどの人が「自分はもっと高い給料を支払われるべきだ」と答えました。

調査の本当の狙いはこの点を明らかにすることではありません。この調査を通して、仕事へのエンゲージメントレベル（仕事の成果や顧客満足に対するコミットメントの高さ。仕事に対して常にベストを尽くそうとする気持ちの強さ）と給料の満足度の関係を調べたかったのです。

また、それが1年以内に会社を辞める確率とどれくらい関係しているかを把握することも目的としていました。

給料の金額や、仕事の職位や責任がまったく同じであっても「自分の給料は適正だ」と満足する人もいれば「自分は仕事のわりに給料が安い」と不満に思う人もいます。このちがいはどこからくるのでしょう?

調査を通してわかってきたことは**「仕事の幸福」のレベルが高い人は、給料の多い少ないにかかわらず、自分の給料額に対する納得度も高い**ということです。しかも同僚の給料が自分より高いと知っても、その納得度は変わりません。さらに、1年以内に会社を辞めたいと考えている割合も低かったのです。

シンプルに言い換えると「仕事への熱意が高く、職場の同僚といい関係を作っていると、給料が多少安くても、また同僚の給料が自分より高いと知ってもあまり気にならず、この会社で働き続けようと思える」ということです。

給料や家や車に払った金額は単なる数字で、その数字自体には何ら意味はありません。

にもかかわらず、人はその数字の意味を周囲と比較することで、同じ金額なのに満足したり不満を感じたりしてしまいます。

もしあなたが自分の経済的な幸福度をより高めたいと思ったら、まず、あなたの「仕事の幸福」と「人間関係の幸福」がどういう状況にあるか、それが改善に向かっているかどうかを確かめる必要があります。

日々の仕事が充実していて、周囲と強い人間関係を築いていれば、他人と比較することによるジレンマから逃れることができます。周囲の同程度な人に遅れまいとする欲望の誘惑から自分を解放できるのです。

人の不合理性は克服できるか？

行動経済学の研究が進むにつれて、人が金銭面に関して行う意思決定はかなり不合理で、本能的反応であることがわかってきています。そして、人間という生物本来の不合理性と、どのように付き合っていけばいいか、という点も明らかにされつつあります。

私たちの〝頭の中の計算機〟は、コンピュータの表計算ソフトのように理路整然と働くわけではありません。

また、私たちは、科学者が言うところの〝損失回避的な存在（＝失うことが大嫌いな人たち）〟です。つまり、将来50ドルを得る喜びよりも、今持っている50ドルを失う痛みを大きく感じる生物なのです。

私たちはお金を絶対的な数値としてではなく、相対的な数値として捉えます。たとえば50ドルという金額を考えてみても、車を買う場合と食事代を支払う場合とでは同じ50ドルでも意味がちがってきます。

同じ10ドルでも、公共料金を10ドル倹約できたときよりも、道を歩いていて10ドル落ちているのを見つけたときの方が、私たちはうれしいと思います。自分では気づいていなくても、このような偏った見方は毎日起こっています。

クレジットカードでの買い物が最もわかりやすい例かもしれません。

クレジットカード会社と広告を作るマーケッターは「今すぐ手に入れたい！」という欲求を刺激し続けます。クレジットカードで買い物をすると支払いを先に延ばすことができるために、損失の痛みも先延ばしになります。

シカゴ大学の経済学者リチャード・セイラーが言うように、クレジットカードには、買い物に伴う〝手に入れる喜び〟と〝支払いの痛み〟を切り離す働きがあるのです。

長期的な資産管理に意識を向けるために

現代においては、給料・税金・共済掛金・保険料・退職積立金などの天引きができる便利な自動システムが構築されています。

また、事前に設定しておけば、給料の振り込みにあわせて、ローンやクレジットカードの請求を自動的に支払ったり、一定の貯蓄をすることもできます。

こうした資産管理の仕組みの進歩のおかげで、**最初に適切な設定をしておけば、借金をかかえず、収入の範囲内での生活を設計することができる**ようになりました。にもかかわらず、多くの人は〝資産管理の正しい初期設定〟について考えることすら、なかなかできません。

資産管理の面から見ると、税金据え置きの退職金プランに個人の資金を回すことは、長期の利回りや安全性を考えると賢い選択です。ところが、こうした退職金の積立制度に加入するかどうかを自分で選択しなければならない場合、多くの人は加入しません。

調査によると、会社側がはっきり要望しない限り、多くの従業員は退職金積立制度に加入しません。しかし、従業員が自動的に制度に加入することが〝初期設定〟（従業員になった時点で自動的に加入するが、加入したくない場合は断ることができる仕組み）となっている会社では、80％以上の従業員が退職金プランに加入したそうです。

経済的な幸福を手にするための〝資産管理の初期設定〟とは？

「経済的な幸福」で成功しているのは、どんな人でしょうか。彼らは、人間本来の不合理性にどのように対処しているのでしょう。

幸福度調査に協力してくれた人の中から、経済的な幸福度が高い人にインタビューをお願いしました。

「経済的に幸福な人というのは、つまりお金持ちのことでしょう？」そんなふうに思われたのではないでしょうか。

意外なことに、**経済的な幸福度が高い人の大半は、世間一般でいうところのお金持ちで**

はありません。それにもかかわらず、生活していくために十分なお金が手元にあり、請求書の支払いの心配しているようなケースはほとんどありませんでした。

地方で郵便配達の仕事をしているリンダは、自分のお金をいかに注意深く管理しているかを話してくれました。

「私は月2回に分けて給料をもらいますが、1回分の給料を1カ月分の生活費にあてて、もう1回分は貯金しています。1ドルもらったら40～45セントで生活して残りの55～60セントを貯金する、という感じです。いつも収入の範囲内で暮らしています」

リンダは、自分が作ったこの仕組みを確実に実行できるように〝初期設定〟をしっかり行っていました。つまり、月に2回の給料のうち1回分は自動的に定期預金口座に入るようにしているのです。

「給料が引き落とされてしまったら、もう私には見えないでしょう？　そのお金が見えなければないも同然(笑)。銀行口座に残っている金額を見て、今月私が使えるのはこれだけだから、この中で生活しよう。そう思えるんです」

さらにリンダは、自分名義の定期預金であっても、兄のサインがないとお金を引き出せないようにしています。彼女は、**自分を過信せずに、不要なお金は使えないようにして、同時にいちいち考えなくても将来に備えることができる仕組みを設定している**のです。

リンダをはじめ、経済的な幸福度の高い人は、長期的な経済的成功のためには、適切な〝初期設定〟の仕組み（給料の自動引き落としなど）が必要だということに気づいています。

何もしなければ、目先の欲求に従って、将来のための貯蓄をせず、今欲しいものを買ってしまうことを知っているからこそ、さまざまな〝初期設定〟を利用して、自分に歯止めをかけているのです。

〝初期設定〟をきちんとしていれば、ローンを組んだり、クレジットカードで買い物をする場合でも、「払えなくなるのではないか、買い過ぎているのではないか」という不安やストレスを感じずにいられます。

リンダはこう言っていました。

「自分で枠組みを決めているので、何か欲しいものがあったとき、その範囲内なら罪悪感なしにそれを買えます。確実に代金を支払えるので、支払いの不安はなく、経済的に安心して生活しています」

蓄財を目的とするのはまちがっている!?

家計が経済的に健康な状態かどうかを判断するには、一般的には、収入・借金・純資産の金額を指標とします。ところが、経済的な幸福度が高い人は、この3項目の数値を話題にすることは少なく、その代わりに経済的な安心感や不安のなさを話題にする傾向がありました。

そこで、インタビューに協力してくれた人の所得レベルと経済的な幸福度を高めるカギとなる要因について詳しく分析しました。

分析の結果、経済的な幸福度が高い人は、収入や純資産がいくらあるかという数字よりも、経済的な安心感を大切にしていました。そして「自分が何かをしたいと思ったときに、それを実行するに十分なお金を持っていると思えること」が、経済的な幸せ感を3倍も高めていることがわかったのです。

逆に、世間的には資産家なのに経済的な安心感を持てず、いつもお金の心配をして幸福度を下げている人もたくさんいます。どんなに資産があっても「まだ足りない、もっともっと必要だ」と感じていると、経済的な幸福度は低くなります。

　年収や資産が少なくても、**自分の収入と支出を自分で決めてコントロールし「何か欲しいものがあったら買えるし、やりたいことがあったらできる」と感じている人は、幸福度が高い**のです。


　書店の棚には、金持ちになる方法について書かれた本が並び、投資アドバイザーは運用結果の善し悪しで評価されます。確かに、将来に備えてお金を蓄えること、投資に対して最大限の利益を追求することは重要です。それを否定するわけではありません。

　しかし、お金持ちになるために本を買ったり、専門家のアドバイスを受ける人が本当に得たいものは何でしょう。「もうお金の心配をしなくてもいい」という安心感が得たいものの1つであることはまちがいないはずです。

　しかし「いくらもうかったか」と蓄財だけを目的にすると、いくら資産が積み上がっても安心感が得られません。むしろ幸福度が下がってしまう可能性があるのです。

ストレスにならない資産運用の方法とは？

経済的に健全な人は現状の生活水準に満足しており、自分の身の丈以上の暮らしを得ようと無理をしません。日々お金を自分でコツコツと管理することでストレスを減らし、将来的な安心感も自ら作り出しています。幸福度調査の結果を見ると、所得レベルに関係なく、こんな〝お金の心配から解放された生活〟が可能だということがわかります。

経済的な幸福度が高いロバートは、牧師をしています。彼は、考え得る限りすべてを兼ね備えたすばらしい家に住み、普段用の車の他にレジャー用の車も持っていつでも家族全員で旅行に出かけられると話してくれました。

でも、ロバートは最初からこんなふうに生活していたわけではないのです。

「40年前、私が牧師として仕事をし始めたときは、本当に貧しかったんです。当時、私がだれかに『私は将来夢のようなすばらしい家に住み、車を何台も持って、よい暮らしをするようになる』と言ったら、みんな私が気が狂ったんじゃないかと思ったでしょうね」と話してくれました。

では、ロバートはどうやって今の生活を手に入れたのでしょうか。

彼は、お金を賢く投資してこのすべてを可能にしたのです。彼は、弁護士兼公認会計士をしていた彼の父親と長期的な投資の相談をしました。

そのとき彼の父は、従来の投資アドバイザーのようなハイリスク・ハイリターンの資産運用を勧めませんでした。大きなリスクを取らず、借金もせずに、コツコツと長期間かけてお金をコントロールすることを勧めたのです。


家のローンを早く返済しようとすると、資産管理の専門家の多くは、借金はゆっくり返した方がいいとアドバイスします。

「実際の返済金はわずかだし、税金が控除され節税対策になるから、お金を貯めようと思うならむしろ家のローンはゆっくり返済すべきだ」というのがその理由です。

しかし、経済的に幸福な人の中には、借金をかかえていない気持ちの快適さと満足感を理由に、そのような専門家の意見に反対する人も見られました。

また、資産運用の専門家の中には、資産の大半を株で保有するべきだと主張する人もいます。しかし、経済的な幸福度が高い人の中には、その主張に反対する人たちも少なくありませんでした。

彼らは、毎日株価の心配をしなければならない状況に陥るようなアドバイスには耳を貸しません。さらに、それによって得られたかもしれない利益上昇の可能性は、あえて無視しています。

ハイリスク&ハイリターンの資産運用戦略は、日々絶え間ないストレスを生み出します。自分の身の丈をはるかに越える大きな家や高級車を買って大きな借金を背負い、その返済のために資産運用で利益を出さなければいけないなら、それは「人生全体の幸福」にはマイナス要因です。

アメリカでこれまで奨められてきたような資産運用は、たとえ大きな利益が見込めたとしても、それに見合う価値はありません。その代わりに日々のお金をコツコツと管理すれば、最終的にはしたいときにしたいことができるようになるはずなのです。

この章のまとめ：経済的な幸福とは？

経済的な幸福度が高い人たちは、今の生活水準に満足しています。

彼らは身の丈に余る借金を避け、さまざまな仕組みを利用して自分の財産をコントロールすることでコツコツと蓄えを増やし、経済的な安心感を得ています。

また、彼らはお金を使うときも賢く使います。

次々と物を買うのではなく、後々まで思い出に残る体験にお金を使います。そして、自分のためではなく、だれかを喜ばせるためにお金を使います。

本当にお金を賢く使えば、経済的な自由を得るだけでなく、大事な仲間と心から楽しいと思える時間を増やすこともできるのです。

Point

経済的な幸福度を高める 3つの習慣

1.

友人やパートナーとの休暇や外出などの

「経験」にお金を使う。

2.

自分の物を買うためだけにお金を使うのではなく、

他人のためにお金を使う。

3.

自動支払いや自動貯蓄など、

資産管理の仕組みの〝初期設定〟を行って

日々お金の心配をする必要がないようにする。

4章

身体的な幸福とは？

私たちは何かを食べたり飲んだりするたびに〝健康に良いもの〟を選ぶか、それとも〝（美味しいけれど）健康を害するもの〟を選ぶか、どちらかを選択しています。

レストランに行って「ブロッコリーを付け合わせにしたサーモン」を注文するなど、健康によい選択をすれば、その日1日気分よく過ごせる上に、長い目で見ても糖尿病、心臓病、ガンなどのリスクが軽減されます。

しかし、チーズバーガーとフライドポテトなど、魅力的だけれど健康を害する選択をすれば、その日の活力が低下するばかりか、年月を重ねるに従って血糖値とコレステロール値が上昇していくでしょう。

私たちはみな、1日に何百回も、1つ1つは小さなことだけれど実はとても大切な選択をしているのです。

最新の医学領域での調査では、**肉や乳製品など飽和脂肪が多く含まれた食事は、1食でも体と脳に十分な血液を運ぶ動脈の働きを低下させる**ことが報告されています。

ニューヨーク大学のジェラルド・ワイズマン医学博士は、このような体の衰えや思考力の低下につながる状態を〝高脂肪の二日酔い〟と呼んでいます。

「週末にディズニーワールドに出かけて、朝から晩までホットドッグやフライドポテトやピザを食べていると、美味しくて楽しいかもしれませんが、帰る頃には頭がぼんやりして体がだるくなってしまうでしょう？　それが〝高脂肪の二日酔い〟です」

朝から晩まで私たちは常に小さな選択を繰り返しています。朝のコーヒーにクリームを入れるかどうか、午後のおやつを食べるかどうか、夕食時にビールをもう1缶飲むかどうか……、1つ1つは小さな選択ですが、その選択の積み重ねが私たちの健康を作ります。

体によい食べ物の割合を増やし、ある程度の睡眠とある程度の運動を心がければ〝平均的な健康状態レベル〟でいられます。さらに、体に悪い食べ物を意識的に減らし、十分な睡眠と運動を日々心がければ、体はもっと効率よく働いてくれるのです。

遠い将来の健康のための行動を今日から始める

頭ではわかっているつもりでも、ついつい目先の欲望に負けてしまうのが人間です。フライドチキンやフライドポテトなどの揚げ物は、心臓発作を起こすリスクを30％高くする、と知っていたとしても、それは遠い将来のこと。「今食べても、明日心臓発作を起こすわけではないし……」と、フライドポテトを注文してしまいます。

チョコレートやアイスクリームを食べ続けると確実に太ると頭ではわかっていても、食後に何か甘いものをちょっぴり食べたいという欲求はなかなか止められません。

数十年前に、喫煙と肺ガンの強い相関関係が明らかになったときも、ほとんどのスモーカーはタバコを吸い続けました。

健康によくない選択の結果が、実感のない遠い将来までやってこないと思っている限り、私たちはよくない選択を続けてしまいます。ライフスタイルを本当に変えるためには、わかっているけどやめられない選択の1つ1つが、遠い将来ではなく、今この瞬間、自分に影響を及ぼしていることを実感する必要があります。

今この瞬間のよい選択は、すぐによい結果をもたらし、よくない選択はすぐによくない結果をもたらす――そう理解できたなら、適切な判断を長年にわたって積み重ねることができるようになります。最終的には自分自身だけでなく孫子の代まで何世代にも続くようなプラスの効果を得ることができるのです。

食事で慢性病の遺伝子を封じ込める

病院に行くと、家族に心臓病やガンなどの病気にかかった人がいないかどうかを聞かれることがよくあります。このような病気は遺伝的に受け継がれる可能性があるので、医者（特に内科医）は診断のための情報として、家族の病歴を質問するのです。

このような遺伝子の影響を考えると、健康状態は自分ではどうすることもできないようにも思えてしまいます。確かに、自分で遺伝子を選んだり、ＤＮＡを並べ替えたりはできません。

しかし、最新の研究では、遺伝子そのものを変えることは不可能でも、遺伝子の発現をコントロールできる可能性があることがわかってきました。

つまり、何らかの慢性病になりやすい遺伝子を持っていたとしても、**遺伝子の活動を封じ込めて慢性病に進まないようにしたり、逆に健康によい遺伝子の活動を刺激し増幅する、ということは不可能ではない**のです。

遺伝子の発現をコントロールする、といっても大それたことをするわけではありません。遺伝子の発現と食べ物の関係の研究によると、前立腺ガンになりやすい遺伝子を持つ男性の場合、週に一度ブロッコリーを少量食べるだけで、この遺伝子の活性化を大幅に抑制できることがわかっています。

ほんの少しの努力を続けることで、遺伝子が健康に及ぼすネガティブな影響を、ある程度はコントロールできるわけです。そうすることで、次の世代に引き継いでいく遺伝子にも影響を与えることができるかもしれないのです。

次の世代のために後天的遺伝に取り組む

長い間、生物学的な特徴を次の世代に伝える唯一の方法は遺伝であると考えられてきました。しかし近年、遺伝子だけでなく、その人に起こるさまざまな出来事が次の世代に影響を与えることが明らかになってきています。

この新しく発見された現象は、後天的遺伝と呼ばれます。たとえば、あなたが若い頃に栄養状態が悪かったら、あなたの子どもや孫が、心臓病や糖尿病など何らかの持病を持つ可能性が高くなる、という現象です。

まだ動物実験の段階ではありますが、このような後天的な変化は、本人だけでなく直系の子孫数世代にわたって続く可能性があることもわかってきました。言い換えると、**今のライフスタイルは自分自身の健康だけでなく、子どもや孫、そしてその先に続く世代の健康にも影響を及ぼす可能性がある**、ということです。

「今から数時間後、数週間後、数カ月後の自分自身のため」という観点に加えて「次の世代のためにも良い影響を残そう」と考えるとモチベーションがぐんと上がるのではないでしょうか。

必須脂肪酸のバランスを整える

毎日口にしている食べ物は、日々の気分や健康状態、そして寿命にいたるまで、大きな影響を及ぼします。

たとえば、6万人の女性を対象に行われた食事と疾病に関する調査では、鮭などの脂肪分の多い魚を週に1、2回食べると腎臓ガンの発症リスクが74％低下することが明らかになりました。これは、脂肪分の多い魚にオメガ3脂肪酸がたくさん含まれているためと考えられています。

オメガ3脂肪酸は人の体内では合成できず、食物から摂ることが必要な必須脂肪酸で、ガンや心臓病、アルツハイマー病などの認知症、その他さまざまな病気の予防に効果があることが判明してきています。

ごく少量をたまに摂るだけでも、関節炎の痛みやぜんそくの症状をやわらげたり、うつ症状や衝動性の緩和に効果があることも明らかになってきています。

必須脂肪酸には、オメガ6脂肪酸（動物性の脂肪や大豆やコーンなどの植物油）とオメガ3脂肪酸（魚、ナッツ、種などに含まれる）の2種類があります。私たちの祖先は、オメガ6脂肪酸とオメガ3脂肪酸をほぼ2対1の割合で摂っていました。しかし現在、欧米諸国ではこの比率が10対1とオメガ6脂肪酸の比率が大きく増えています。

2009年に行われたオメガ6脂肪酸とオメガ3脂肪酸の摂取比率研究で、私たちの祖先が食べていたような食事（オメガ6脂肪酸とオメガ3脂肪酸をほぼ2対1の割合で摂取する）がどのような生理的な変化をもたらすのかを調べるために、健康な人たちに、当時とよく似た食事を食べ続けてもらいました。

その結果、わずか5週間で自己免疫反応やアレルギー反応などを起こす伝達遺伝子が著しく減少することがわかりました。

空腹感を作り出す食材に気をつける

私たちは、朝昼夜（時には間食も）何を食べるか選択しています。その瞬間は「〇〇が食べたい」「△△は食べたくない」という気持ちだけですが、その1回1回の選択は体に蓄積されます。こうした生涯にわたる選択のちがいによって人生がどのようにちがってくるのか、という研究が近年進んできています。

たとえば、空腹状態というのは〝胃袋が空っぽになると空腹を感じる〟つまり〝空っぽの胃袋が空腹感の引き金になる〟と考えるのが一般的です。しかし実は〝**日々食べている物が空腹感を作り出している**〟という現象があることが明らかになってきています。

炭水化物と糖分がたくさん含まれた食事を摂ると食欲をコントロールする細胞がダメージを受けます。その結果、もう食べ物を摂る必要がなくなっていても脳に満腹信号が送られず、「もっと食べろ」というメッセージだけが送り続けられてしまうのです。炭水化物や糖分をたっぷり摂取する文化圏で、食事量をコントロールできない人が多い理由がこれで理解できます。

脂肪分と空腹感に関する研究も進んでいます。

肉や乳製品など飽和脂肪分が多い食べ物は、身体にもっと脂肪分が必要だと錯覚させ、食べれば食べるほど「もっと揚げ物が食べたい」などと感じてしまうような悪循環を起こす可能性があります。

一方、**アボカド、ナッツ、オリーブオイルなどに含まれる不飽和脂肪は少量を摂取するだけで、脳に「もう食べなくてもいい」というシグナルを送ってくれます。**

スナック好きの人は、ポテトチップスは体に良くないと知っていても「小腹が空いたときにはちょうどいい。ひとつかみくらいの少量ならばだいじょうぶ」と言い聞かせて食べてしまいます。しかし、ポテトチップスは少量食べるだけでも「もっと食べろ」と食欲をそそる信号を脳に送ることになるのです。

逆に、片手にのるくらいの少量のナッツや野菜は「もっと食べろ」というシグナルを脳に送ることはありません（＊訳者注：市販のナッツはオイルローストしてあったり、塩がふってあるものがほとんどですが、ここでいうナッツはまったく加工されていないものを指します）。ただし、野菜であればどれでも同じ効果があるのか、というとそうではありません。

原色に近い色の食材を選ぶ

先ほどご紹介した「週に一度ブロッコリーを少量食べると前立腺ガンの予防に効果がある」ことを明らかにした研究では、ブロッコリーの代わりにエンドウ豆を食べたグループの追跡調査も行われていました。その結果は、週に一度少量のエンドウ豆を12カ月間食べ続けたグループでは、遺伝子の発現に有意な変化は見られませんでした。

「じゃあ何を食べればいいんだ！」と困ってしまいますが、さまざまな研究結果を考え合わせると、体に良い果物や野菜を選ぶ基準としては、赤や緑や青紫など、できるだけ原色に近い物と考えると良いようです。

リンゴ、トマト、イチゴ、ラズベリー、赤トウガラシ、ラディッシュ、チリペッパー、ザクロなどを選ぶときにはできるだけ赤いものを探してみてください。

ブロッコリー、アスパラガス、アンティチョーク、スプラウト、キャベツ、ほうれん草、レタス、ルッコラ、カラードグリーン（＊訳者注：ホウレンソウに似た野菜。固くて苦みがある）、ケール（＊訳者注：日本では青汁に使われている）、スイスチャード（＊訳者注：茎が赤や黄のホウレンソウに似た野菜）など葉物の場合は、発色のよい緑色のものを選んでください。

そして、ブルーベリー、ブラックベリー、ブドウなどでは青色の色調が濃いものを選んでみてください。こうした野菜や果物は長時間にわたって私たちの食欲を抑制し、エネルギーレベルを高めてくれます。

スナック類やちょっとした飲み物を買うときには気が緩んでしまいがちです。料理やお菓子のトッピング（スパゲティの粉チーズやアイスクリームにかけるナッツや粒チョコなど）やサラダのドレッシングも、日頃はそれほど気にせずに好みのものをかけていると思います。しかし、こうした食品は少量でも糖分や脂肪分の比率が高く、せっかくの健康的な料理を、あっという間に不健康な料理に変身させる恐れがあるので、注意が必要です。

大切なことは、何かを口にするとき、無意識に口に放り込む前に、一瞬だけ手を止めて目の前の食べ物に注目することです。

その食べ物は、それまでの努力を台無しにしてしまう食べ物ですか？
それとも、長時間食欲を抑制し、エネルギーレベルを高めてくれる食べ物ですか？

ほんの20分の運動で1日中気分が良くなる

週に2日間以上運動をしている人は、運動をしていない人に比べて圧倒的にストレスが少なく幸せな気分で生活しています。

運動する日が1日増えるごとにエネルギーレベルは上昇することが、さまざまな調査から明らかになっています。そのメリットが最大になるのは週に6日です。**週に6日までは、運動する日を増やすほど元気が出て、ストレスは減り、幸福度は高まります。**

現実には、私たちの大半は運動不足です。アメリカでは、毎日30分間の運動を週5日行うことが推奨されていますが、ギャラップ社が最近、アメリカ人40万人を対象に行った調査では、週に5日間30分以上運動している人は27％、約4人に1人でした。

また、最近の研究では、たった20分間運動すればその後数時間にわたって気分がよくなることがわかっています。

この研究では、無理のない中程度の負荷で20分間自転車漕ぎをした被験者グループとまったく運動をしなかった被験者グループに対して、2時間後、4時間後、8時間後、12時間後にどんな気分かを確認する追跡調査が行われました。

その結果、まったく運動しなかった人たちと比べて、自転車を漕いだ人たちは、**たった20分間の軽い運動でも2時間後から12時間後にいたるまで、いつもよりはるかによい気分で過ごせる**ことが分かりました。

ミネソタ州のメイヨークリニックの出版物には「エネルギー不足は加齢ではなく運動不足によるものである」と書かれています。また「20～30分間の運動ができない日でも、たった11分間ウェイトトレーニングをするだけで代謝率が上昇し、その日1日、脂肪の燃焼率が高くなる」とも書かれています。

つまり、どんな運動であっても、1日中まったく何も運動しないよりはいい、ということなのです。

「疲れ過ぎて運動なんてできない」そんなときこそ運動がベスト

常識はずれだと思われるかもしれませんが、疲労に対処する一番いい方法は体を動かすことです。今日は運動したくないと思ったとき「今日は疲れているから」と言い訳をしますが、実のところ、疲れたときに運動しないのは最悪の選択なのです。

疲れを解消する方法を70種類以上選んで実験し、総合的に分析した結果、**疲れを解消するためには、疲労回復の薬より運動の方がはるかに効果的**だということが明らかになっています。

この研究では、健康な成人だけでなく、ガン患者や心臓病や糖尿病などの慢性疾患を抱える人たちまで実験に協力してもらいました。その結果、運動はほぼすべての人にプラスの効果があることがわかりました。

定期的に運動することが習慣化している人は、運動する理由として、身体を動かすと気分も見た目もよくなること、そして自分に自信が持てるようになることを挙げます。

もし、あなたが今日運動するなら、明日自分の体を魅力的だと感じる確率は2倍以上に高まります。

自分を魅力的だと感じることは自信につながるだけではありません。コロンビア大学の研究チームは、自分の体に対して抱いているイメージは、ＢＭＩ（肥満度指数）のような客観的基準と同じぐらい重要だということを明らかにしています。

運動を習慣とするのに、年齢の限界はありません。

幸福調査の対象者の1人、88歳のデイブに会いに行って「何か健康上の問題があって同年代の人たちと同じようなことができないということはありませんか？」と質問したところ「ないよ！」と勢いよく答えてくれました。

実際彼は、記述式のアンケート票にも「日常的な痛みはない」と回答しています。デイブは毎朝6時に起きて長めの散歩をします。朝食のあとは庭や家の手入れをし、それから子どもたちが持ち込むいろいろな物を修繕するのが日課です。

「自分を忙しくするのがコツだよ。本も読むし、パソコンだって持ってるよ。持ってるだけじゃないね。ちゃんと使っているよ。持ってるものは何でも使わないと。頭だって体だってパソコンだって、使わないでいると調子が狂って具合が悪くなるからね」

デイブは、リタイヤしてからは以前ほど出歩かなくなりましたが、それでも年に数回は友達とゴルフを楽しんでいます。毎日散歩し、そのあと約30分、筋肉トレーニングなどの運動をしています。さらに毎日、少なくとも10～12分ほどストレッチをします。88歳になっても体の調子はとても良く、外見にも自信を持っています。

彼の健康管理について、かかりつけの医師はどう言っているかデイブに聞いてみました。ちょうどインタビューの前日に医師に診てもらったばかりで「何をされているか知りませんが、今やっていることをそのまま続けてください」と言われたと、うれしそうに答えてくれました。

睡眠は毎日のリセットボタン

「身体的な幸福」においては、健康によい食事と定期的な運動に加え、睡眠がとても大切な役割を担っています。

睡眠の質の重要性を調べるために、ギャラップ社は、夜間の睡眠（十分な睡眠、または睡眠不足）が翌日に及ぼす影響について研究を行いました。すると、眠る前はイライラしていた人でも、熟睡できれば翌日は朝から夜まで平均以上によい気分になります。反対に、眠るまでは調子がよかった人でも、熟睡できないと翌日の気分は平均レベルまで低下しイライラしがちであることがわかりました。

夜の間の熟睡はリセットボタンのようなもので、その日のストレスを消去してくれるのです。つまり、たとえある日が〝最悪の日〟であったとしても、夜の間によく眠れば、翌日は新たなスタートを切ることができるし、その日1日中エネルギーが高い状態で過ごすことができる、というわけです。

十分な睡眠には7、8時間は必要と言われていますが、現代人の土日を除いた1週間の平均睡眠時間は6、7時間です。しかも年々短くなっています。

現代では、多くの人が睡眠不足の状態にあると考えられます。その結果、動きが鈍くなる、集中力が低下して忘れっぽくなる、判断力が落ちる、以前よりもイライラしがちになるなど、不眠症の兆候がよく見られるようになってきているのです。

脳は睡眠中に学習している

睡眠には、身体を休め自分をリセットする働きだけでなく、もっと大きな効果がありま す。睡眠中、脳は非常に活発に働き、その日学んだことをそれまでに学んだことと結びつ けます。「眠っている間に学習は加速する」と言ってもいいかもしれません。

学んだことを整理し、過去の学びと結びつけていく作業は、実のところ、起きている間よりも眠っている間の方が効率的に進むことが明らかになっています。「しっかり睡眠をとれば、学んだことをより記憶できるようになる」と言ってもいいでしょう。

2004年にドイツで行われた研究では、毎日その日に学んだことを分類し整理する脳の働きと、睡眠の重要性との関係を把握する調査が行われました。

研究チームは、被験者にある数学の問題の複雑な解き方を教え、同様の問題を100問ほど解いてみるように指示しました。そのあと被験者はいったん解放され、12時間後にまた元に戻って、さらに200問解くよう指示されました。

被験者には教えられませんでしたが、実はもっと簡単に問題を解く方法があったのです。時間がたつにつれて被験者の多くがそのことに気づきました。

教えられた方法よりも簡単な方法があることに気づいた被験者と気づかなかった被験者の最も大きなちがい、それは睡眠の有無でした。

最初に100問を解いて解放されたあと、また作業に戻るまでの間に睡眠をとった被験者は、睡眠をまったくとらなかった被験者と比べて、簡単な方法に気づく割合が2・5倍高かったのです。

この研究の結果、**人はたとえ問題や課題の存在に気づいていなくても、睡眠中の脳は勝手に課題を発見し解決方法を見つけてしまう**、ということが明らかになりました。

睡眠は、その日学んだことや体験したバラバラの出来事を整理統合するために必要不可欠です。

私たちが眠りに落ちてから目を覚ますまでの間、脳は昼間に得た断片的な情報を、点と点をつないでいくように意味付けをし、前日に学んだことをより深く理解できるように働きます。

さらに、もし目覚めているときに、その日の学びや体験について考えて、思考を整理する努力をしておけば、睡眠中の脳はもっと効率的にその作業を進めてくれるのです。

一晩7、8時間の睡眠をとる

忙しい私たちにとって、毎晩十分な睡眠時間を確保するのは至難の業です。

最適な睡眠時間については多くの調査研究がなされていますが、**健康、記憶、美容、幸福などあらゆる観点から見て、一晩で7、8時間の睡眠をとる必要がある**、という結論はほぼ共通しています。睡眠時間はそれより短くても（5、6時間）長くても（9、10時間）、何らかの問題があるという結論もまた、さまざまな研究で共通です。

ある研究では、睡眠時間が短い人は適切な睡眠時間の人に比べて、体重増加を招く確率が35％高いことが確認されています。これには、夜の間十分に眠れないためにホルモンバランスが変化し、翌日の食欲が増大することが関係していると思われます。

睡眠時間が長い人でも適切な睡眠時間の人と比べて体重増加を招く確率が25％高くなるので、睡眠時間が長ければいいというわけではありませんが、長さという点でいうと、短い方が問題が起こる可能性が高くなります。

たとえば、睡眠が不十分な状態が長期化すると、2型糖尿病のリスクが高まることが明らかになっています。特に、睡眠時間が7時間未満の状態が長期化すると、免疫系に大きな負担がかかります。

2009年に行われた研究では、睡眠時間が7時間未満の人は、8時間以上の人と比較して約3倍の確率で風邪を引きやすいことが明らかになりました。睡眠時間が平均して7時間未満の方は、もう30分、できればもう1時間睡眠時間を長くすることで、風邪を引きにくい健康な体になれるのです。

衝動的食欲と戦わないために先手を打つ

前もってスーパーで買い物をするときに健康によい物を選んでおくなど、実際の食事の時間よりも前に正しい選択をしておけば、不健康な食品への衝動で心が揺れることを防げます。小腹が空いて冷蔵庫を開けるたびに衝動的食欲に振り回されずに済むのです。

昼食時にどのレストランに行くかを決めるときも同様です。レストランの選択はあまり重要に思えないかもしれませんが、注文する料理の選択よりも重要性は高いのです。なぜなら、いったん店に入ってしまうと「メニューの中から不健康な料理を注文してしまう誘惑に打ち勝つことができる」と答えた人は10人に1人以下だからです。

もし典型的ファストフードの店に行こうと決めたなら、その時点で破滅への道をたどっていると言えます。野菜サラダなど健康的な選択肢がいくつかメニューに載っていたとしても救いにはなりません。むしろ、ファストフード店にそのような健康的なメニューが載っていること自体、私たちの健康に悪影響をもたらす可能性があります。

ある実験の結果、**サラダなど健康的な選択肢がメニューに載っていると（そのような選択肢がまったく載っていないメニューから選ぶときと比べて）フライドポテトなど不健康な料理が選ばれる確率が3倍になる**ことがわかっています。

「?」と思われた方も多いことでしょう。ランチにどの店に行くか考えているところをイメージしてみてください。健康的な料理が中心のレストランとハンバーガーショップを思い浮かべます。

後者のメニューにヘルシーなサラダがあると「サラダもあるし、今日はハンバーガーショップにしよう」と決めやすくなります。この時点ですでに破滅への道が始まっていることにお気づきでしょうか。サラダは単なる言い訳なのです。

いったん店に入ってしまうと、「サラダがあるからここへ来たんだ」といくら自分に言い聞かせても、誘惑に負けてハンバーガーとフライドポテトを注文してしまいます。

しかし、もし店を選択する時点で健康的な料理中心のレストランを選べば、どう転んでも身体にいい判断を下すことができます。

ランチの店を選ぶ、という選択肢をあらかじめ避ける方法もあります。健康を意識したランチボックスを家で用意して職場に持っていけば、店を選ぶときや食事を選ぶときの衝動的な誘惑に負けてしまう状況を回避できます。

さらにスーパーで買い物するときに、健康によい食品をたくさん買い込むなど、できるだけ早い段階から前もって準備しておくと「せっかく買った食料がもったいないからランチを持っていこう」と思えます。

先手を打って、自分の衝動的な行動が起きにくい状況を作っておくことで、どんなときでも健全な判断を下せる可能性は高まるのです。

不健康の経済負担

「身体的な幸福」についてさまざまな観点から見てきましたが、ここで最後に注目したいのは、健康でない場合の肉体的な負担と経済的な負担です。

不健康な状態にある人々の数から見ていくと、世界人口のおよそ4分の1は日常的に肉体的苦痛や健康上の問題に悩まされていて、同年代の健康な人が普通にしている事ができない状態にあります。

世界人口の4分の1というのは、先進国から発展途上国まで含めての平均ですが、アメリカのような先進国でも、肉体的な痛みのために日々の生活に不自由する人たちの割合は世界全体平均に近づきつつあります。

日々の肉体的苦痛に加えて経済損失も甚大です。

アメリカを例にとると、医療費は経済全体の16％を占めており、今後10年ほどでGDP（国民総生産）の20％に達すると予測されています。1999年にはアメリカの一家族の保険費用は約５７００ドルでしたが、２００9年には1万３０００ドルになりました。このままいくと２０１８年には約2万５０００ドルにまでふくれ上がるでしょう。

健康状態に問題をかかえることは、単に肉体的な問題ではなく経済的な重荷でもあります。アメリカでは、国民の３人に２人は、保険料の高騰によって十分な保険に入れない（まったく保険に入っていない無保険者も含む）、医療費を払えない、必要な治療を受けられない、といった問題を抱えています。ハーバード大学の調査によれば、アメリカで２００７年に自己破産した人の62％が医療費保険の問題を抱えていました。

アメリカの現行の医療制度では、大部分の人は雇用主を通じて医療保険に加入しており、医療コストはより大きな組織に分散・吸収されています。したがって、ほとんどのアメリカ人は、自分の医療費だけではなく同僚たちの医療費も負担している、ということになります。

あまり健康とは言えない同僚のために、健康なアメリカ人は1人当たり年間１４６４ドル（約12～15万円）の健康税を余分に納めている計算になります。また、別の研究によると、アメリカの医療費の半分以上が、人口のたった5％の人たちのために使われていることもわかっています。

アメリカでは**医療費の75％は、ストレス、喫煙、運動不足、不健康な食生活といった自助努力で防ぐことができることに起因する病気に使われています。**しかも、世界には肥満率3、4％の国があるというのに、アメリカの肥満率たるや33％と世界最悪の水準です。

喫煙を社会の片隅に追いやったように、肥満をアメリカ社会から追放できれば、社会的にも経済的にも実に大きな影響が期待できるでしょう。アメリカ人が健康的な生活習慣を身につけて実践すれば、個人も国も大金を節約できることはまちがいありません。

アメリカに限らずどんな国に住んでいても、健康的な生活習慣を身につけることで、慢性的症状でも短期間で改善することは可能です。2型糖尿病の研究では、患者が食事を健康的なものに変えるだけで、わずか4カ月半で処方薬の使用が43％減り、血糖値、中性脂肪、コレステロールも大幅に改善することが確認されています。

前述したように、バランスのよい健全な食事を続けると、5週間たらずで炎症やアレルギーの原因となる遺伝子の発現を抑制できることがわかっています。

たった数日でも、生活習慣を変えるとその効果は表れます。数週間、数カ月にわたって健康的な生活習慣を続けると、その分の効果は確実に表れます。日々のちょっとした生活習慣、ライフスタイルを変えることは、私たちの経済生活から国の経済状況までも変えていくことにつながるのです。

この章のまとめ：身体的な幸福とは？

身体的な幸福度が高い人たちは、自分の健康を効果的に管理しています。

彼らは定期的な運動を欠かさず、その結果1日を気持ち良く過ごしています。

頭の回転をシャープに保ち、1日中高いエネルギーレベルを維持するために、健康的な食べ物を選ぶ工夫も怠りません。

睡眠をしっかりとることで、目が覚めた時には疲れがとれて充実感に満たされ、睡眠中に前の日の学びが身について翌日をスタートします。

身体的な幸福度が高い人は、元気で見た目もよいばかりでなく、長く生きられることも確実です。

Point

身体的な幸福度を高める3つの習慣

1.

毎日少なくとも20分間は体を動かす。

理想は朝。朝運動すれば、その日1日を気分よく過ごせる。

2.

疲れをとるために十分な睡眠をとる。

一般的には7～8時間の睡眠が必要。

ただし長くなり過ぎないように注意。

9時間未満を目安にするといい。

3.

食料品を買うときには、体に悪いものは選ばない。

できるだけ、赤色、緑色、青色の自然食品をたくさん摂る。

5章

地域社会の幸福とは？

「地域社会の幸福《ウェル・ビーイング》」は「人生全体の幸福」を考えたときに最初に思い浮かぶものではありません。しかし、意外なことに〝いい人生《グッドライフ》〟と〝すばらしい人生《グレイトライフ》〟のちがいを作り出しているのは、実は「地域社会の幸福」である可能性が高いのです。

たいていの人は普通に生活できていれば、飲んでいる水や吸っている空気の質のことなど気にかけません。でも、**水や空気のような、生きる上で必要不可欠なものの安全性が十分に確保されていないと、人生に重大な悪影響を与えます。**

自分が住んでいる家の周りを夜でも安心して1人で歩けることや、自分が危害を加えられたり、突然襲われるような怖れなく安心して暮らせることも、日々の生活における重要で基本的な要素の1つです。

国によって、特に発展途上国では、そのような基本的な安心感を持てない人たちが何百万人もいると言われています。

アメリカ、イギリス、フランス、ドイツ、西ヨーロッパの一部、オーストラリアといった国々でさえ、3人に1人は、自分の家の周辺を夜1人で安心して歩けないと感じています。アメリカでもいくつかの都市では、身の安全、大気汚染、その他の環境汚染が深刻な問題になっています。

理想的な地域社会は自ら参加して作る

「地域社会の幸福」を考えたとき、必要最低限の安全と安心感の次に重要なことは、その場所が自分の性格や興味関心、家族のライフステージなど、自分や家族が求める条件に合うかどうかということです。

地域社会の幸福度が高いジョンは、彼が住んでいる町についてこう話してくれました。
「ここは他の町に比べるとちょっとのんびりしてるけど、アウトドア好きにはうってつけです。野外活動が好きなら最高の場所ですね。ゴミも落ちてなくてきれいだし、いい学校もある。危険な場所がないので町中どこでも昼も夜も安心して歩けるしね。しかも、前に住んでいた町に比べて生活費もずっと安上がりなんです」

理想的な地域社会に求める要素は1人1人異なりますが、一般的で共通する要素もあります。多くの人が理想的な地域社会に最も重要な点として挙げるのは、自然の美しさです。山や川、森林など自然そのものの美しさはもちろん、公園や遊歩道、遊び場になるような広場が充実しているかどうかという点も求められています。

同じくらい重視されるのは、カフェやレストラン、映画館やナイトクラブなど、人々が集ったり友人と過ごしたりできる場所が充実しているかどうか、という点です。

次に、その場所が人種や資産の多寡、年齢や性的指向（同性愛など）によって差別などを受けず、どんな人に対しても開かれた場所であるかどうかという点が、理想的な地域社会であるかどうかの条件に挙がってきます。

単に自分が気に入った場所に住めば、それで地域社会の幸福度が高まるわけではありません。さらに、地域のさまざまな活動に関わる必要があります。

地域活動といってもそんなにおおげさなものでなくてもいいのです。多くの人は、何らかの地域活動にすでに参加しているはずです。

たとえば、地域の清掃活動や、ホームレスに食事を用意する活動、子どもにボランティアを指導する活動など、どんな小さなことでも、**自分が住む地域社会をより良くするため**

の活動に参加することで、あなた自身の幸福度は向上します。

地域社会の幸福度が高いローザは、彼女が通っている教会が用意している、その教区に住む人々が地域をよりよくするためのさまざまな活動について話してくれました。

住民同士が共に活動し、自分が住む地域をよりよくすることでコミュニティに対する愛着が強まります。彼女自身、そのような活動に積極的に参加することで、自分の家族や職場の外に広がる第三のグループの人たちとつながりができたそうです。

地域社会のさまざまな活動に関わっていく努力なしには「地域社会の幸福」は実現しません。

「自分は住民同士の結びつきが強い地域に住んでいるからだいじょうぶ」と言う人はたくさんいますが、実は本心では「地域の人たちとはちょっと距離を置いて、自分の生活を優先したい」と思って、地域住民との付き合いを避けている場合もあります。

「地域社会の幸福」は、意識されないことも多いのですが、その人の「人生全体の幸福」を大きく左右します。

引っ込み思案な人でも、まずは何かの地域活動に申し込みをしてみる。何か1つ選んで実際にイベントに出てみる。あるいは、地域活動をしているグループに連絡を取ってみる。そんな第一歩を踏み出すだけで人生全体の幸福度は高まります。

地域社会の幸福度を高めることは、自分が住んでいる地域社会から有形無形に得ている何かを〝お返し〟することといってもいいかもしれません。

人のために行動すれば、本当に幸せになる

「献血しよう。そうすれば最高にいい気分になれる」

これは米国赤十字社の献血キャンペーンの標語です。一見奇妙に感じるかもしれませんが、この言葉は真実を含んでいます。

実際この標語は、心理学者がさまざまな角度から実験検証する「広告の真実テスト」に合格しました。献血をした人々は、献血の前よりも献血のあとの方が気分が高揚したと回答しています。つまり、何かを与えることは、与える側と受けとる側双方にとってメリッ

トがあるのです。

地域社会の幸福度が非常に高い人と平均レベルにある人のちがいは何でしょうか。最も大きなちがいは、**自分が住む地域社会に〝お返し〟をしているかどうか**、という点でした。

地域社会の幸福度が高い人たちに「今までの人生で一番大きな貢献は？」と聞いたところ「自分と関わりの深い人のために行動したこと」「自分が属しているグループのために行動したこと」という答えに加えて「地域社会のために行動したこと」という答えが返ってきました。

彼らは、自分が持っている何かを地域社会に〝与えている〟のではなく、地域社会から与えてもらったものを〝お返ししている〟と考えています。水や空気や犯罪の心配がなく生活でき、自然が豊かで人々が集える環境に恵まれていることを当然と考えてはいないのです。

そして、自分たちが住んでいる場所をよりよくすることに貢献することで、感謝の気持ちを〝お返し〟したいと思っています。この点が、人生を格別にすばらしいものにするか、まあまあ満足なものにするかの境目といってもよいでしょう。

利他的行動は習慣化する

「経済的な幸福」の章で出てきたように、自分のために何か物を買うよりも、人のためにお金を寄付する方が、人生に対する見返りは大きく幸福度はより大きくなります。

神経科学者が脳内ｆＭＲＩスキャンを使って行った研究では、**お金を手に入れたとき活性化する脳の領域は、お金を与えたときにはさらに明るく輝くことが発見されました。**

米国立衛生研究所の神経科学者ジョーダン・グラフマンは、脳のこのような反応について次のように述べています。

「お金を寄付する行為は、他の人たちと心理的に近づいた気持ちや、(与えているのに)ごほうびをもらったような気持ちを起こさせ、この気持ちを今後も味わいたい、と思わせる効果があります。この気持ちが〝寄付する〟という行為を強化し、また同じような行為を繰り返す可能性を高めているのです」

私たちは、愛する人に何か思いのこもった物をプレゼントすると喜びを感じますが、自分の時間を人にプレゼントするほど価値ある贈り物はないのかもしれません。

ボランティアをしている人の中に〝ヘルパーズハイ〟を体験して、ボランティアがやみつきになってしまう人がいるのは、このせいでしょう。彼らは、だれかを助けたときに、自分がより力強く、よりエネルギッシュで、やる気にあふれていると感じるのです。

ギャラップ社がボランティアをテーマに2万3000人以上の人たちを対象に行った調査では10人中9人が、ボランティアで何か人の役に立つことをすることで「気持ちが高揚した」と答えています。

人のために何かをしたとき、私たちは自分に「変化を起こせる力」があると実感します。さらに、周囲によい影響を与えたことで自信が高まります。同時に、だれか他の人のために行動すると、自分と社会がつながっていることが感じられます。

何もせずにいると「自分は何者か、自分は周囲にどう思われているのか」など、自分のことで頭がいっぱいになって行き詰まってしまう傾向があります。でも、**だれかのために役立つ行動をして社会とつながりができると、自己中心的な世界に風穴が開き、重苦しい**

気持ちから解放されるのです。

また、いくつかの研究では、利他的な行動と長生きは関係があることが明らかになっています。他の人のための行動を通して、自分が社会とつながっていると感じることで孤独のストレスを減らし、自分の存在意義を問うような否定的な感情を予防できるために長生きできるのではないかと推測されています。

〝初期設定〟を利用して、無理なく地域社会に貢献する

2つの選択肢がある場合、私たちは、あらかじめ設定されている選択肢を選ぶ傾向があります。

インターネットでのアンケートなどでも、アンケート用紙の構成がどうなっているか、チェックボックスのどこに先にチェックが入っているか、あるいは、自動登録のプロセスがあるかどうか、など選択肢の〝初期設定〟によって、私たちの決定は思った以上に大きな影響を受けるのです。

〝初期設定〟別に見る臓器提供率

「臓器提供に同意しない」が〝初期設定〟の国

オランダ	27.5%
イギリス	17.2%
ドイツ	12.0%
デンマーク	4.3%

「臓器提供に同意する」が〝初期設定〟の国

オーストリア	99.9%
フランス	99.9%
ハンガリー	99.9%
ポルトガル	99.6%
ポーランド	99.5%
ベルギー	98.0%
スウェーデン	89.5%

出典：Johnson and Goldstein, *Science,* 2003から引用

「臓器を提供する」といった重要な選択の場合でも、「臓器を提供することに同意する」ことが基本で「同意しない場合は自ら申し出る（＝行動を起こさずにそのままにしておくと臓器提供に同意することになる）」となっているか、「臓器を提供しない」を基本とし「臓器提供することに同意する場合は自ら申し出る（＝そのままにしておくと臓器提供しないことになる）」になっているかによって、私たちの決断は大きく影響を受けます。

自動的に臓器提供者として登録される国では、圧倒的多数の人たちは、あえて「同意しない」とは申し出ないので臓器提供の同意者となります。しかし自動的に登録される初期設定がされていない国では、各自が考え判断して自ら「臓器提供に同意する」ことを申し出る必要があるため、同意する人がほとんどいないという状況になっています。

このような初期設定のちがいで、1年で何百万人もの人々の生死が左右される可能性があります。

たとえば中国は、臓器提供に同意する人は申し出る形式をとっています。そのため臓器提供率は0・3％と1％にも満たない状況です。

臓器移植を必要としている人たちは百万人以上にのぼりますが、実際に移植を受けることができるのはそのうち1%に過ぎません。中国では、臓器が足りないために、患者の5人中4人が移植を待っている間に亡くなっているのです。

しかし、もし臓器提供に登録することを〝初期設定〟にすることができるならば、中国でも臓器不足が軽減されると考えられます。

地域活動への参加を〝初期設定〟に組み込む

臓器提供から預金プランまで、たいていの物事について、自分の〝初期設定〟を決めておくことができます。

ただし〝初期設定をする〟という行動には努力が必要なので、何年も何十年も「行動を起こしたい」と思いつつ、時間が流れていくに任せている人が少なくありません。

しかし「地域社会の幸福」で成果を出している人たちは、日常的な寄付やボランティア活動を〝初期設定〟に組み込む斬新な方法を見つけています。

私たちがインタビューしたある男性はこう話してくれました。

「いくつかの組織にボランティアとして登録しています。そうすると、毎月必ず協力要請の連絡が来るんです。自分からボランティアをしようと動き出さなくても、向こうから連絡が来て、ほとんどパートの仕事のようになっていますよ」

またある女性は、毎月最低5時間をボランティア活動に使うと決めていて「今月はどのボランティアをしよう」と毎月探して申し込んでいます。

この女性と同じように、毎年決まった時間をボランティアに使うと決めている人や、毎年決まった金額を地域社会のために寄付すると決めている人もいました。彼らは、あらかじめ決めているので「ボランティアをするかしないか」「どれくらいの時間でよしとするか」「寄付するかどうか」「どれくらいの金額を寄付するべきか」などと迷うことがないと話してくれました。

企業によっては、従業員が自分の給料から毎月決まった金額を寄付できるように天引きする仕組みを作って、気軽に社会貢献活動ができるようにしているところもあります。

さらに、従業員が寄付をしたら、会社も同額を拠出して2倍の金額を一緒に寄付してくれるという先進的な組織もあります。

1人1人、また組織によっても社会貢献の形はさまざまですが、一過性で終わるのではなく持続的継続的に地域社会に貢献する仕組みを持っている点は共通しています。毎回考えたり決めたりしなくてもほぼ自動的に社会貢献ができる〝初期設定〟をすることで、それを可能にしているのです。

「世の中のため」と思わなくてもいい

地域社会に何かお返しをするきっかけは「社会のため、世の中のため」といった自分以外の人のためを思うことが動機である必要はありません。

実際、地域社会のボランティア組織に何か大きな貢献をしている人は、親が進行性の病気にかかったり、友人がガンを発病したり、子どもが自閉症になるなど、自分の心が大きく揺れ動くような出来事があって、それがきっかけで地域貢献に深く関わり始めている人も多いのです。

このように明確な関心を持っている人は、知識も深く、また個人的な使命を強く感じているため、より多くの貢献ができるのです。

また、こうした人たちは、自分が貢献したいと思うことについて、友人や同僚あるいは家族に伝えています。そうすると、その分野で何か必要が生じたときに、真っ先に名前が思い浮かぶので声をかけられるようになり、自分が貢献したいと思っている行動をさらに積み重ねることにつながります。

「地域社会の幸福」で成果を出している方は、こうしたよい循環を自ら作り出しているのです。

ネットワークの力を借りて幸福を実現する

前述したように、喫煙率の低下のような大きな変化は、社会的ネットワークを抜きにしては考えられません。多くの人は、自分1人の力ではなかなか禁煙できないのです。

タバコを吸っていた多くの人が禁煙に踏み切ったのは、喫煙が社会的に受け入れられなくなったから、つまりどこに行ってもだれといてもタバコを吸うと文字通り〝煙たがられる〟ようになったからです。

友人も禁煙し、いつも行くレストランも禁煙になり、会社も屋内は禁煙になってスモーカーは寒空の下に追い出される、そんなふうに追い詰められて、まさしく居場所がなくなり禁煙に踏み切らざるを得なくなった、という人がほとんどです。

これは、地域グループや地域社会などの地域ネットワークが、社会的にポジティブな変化を起こせることを示すほんの一例です。

禁煙だけではありません。アメリカのＡＡ（アルコール中毒者救済協会）では、アルコール中毒者がおたがいにポジティブなプレッシャーをかけ合う会をサポートしています。ウェイト・ウオッチャーズ（「体重見張り番」という名前の減量支援団体）も、みなで集まって励まし合う活動をサポートしています。

同じ悩みを持つ仲間同士のプレッシャーや社会的なサポートがあれば、周りの人たちの気遣いに対して応えなければと思う気持ちになります。**１人では挫折してしまいがちな行動も、このような社会的な関わりによって成功する可能性が高まります。**

実際、１人で努力する場合とネットワークが関わる場合で、減量の持続的な変化を比較研究した結果、何らかのネットワークに所属・参加している人が、減量を成功させて継続できる可能性は2、3倍も高くなることが明らかになっています。

たとえば、集中的ダイエットプログラムに自分1人だけで参加した場合、プログラム終了後の体重を10カ月後も維持できる確率は24％です。

ところが、減量プログラムをスタートすると同時に減量支援グループにも参加し、おたがいに知らない人同士の3人組で励まし合った場合、10カ月後まで減量した体重を維持できる確率は50％に高まります。

さらに、たがいによく知っている友人や同僚で3人組を作った場合は66％にまで上昇するのです。

ギャラップ社は世界規模で約150カ国にわたって定期的に世論調査を行っており、その調査項目の中に「これまでの1カ月間にボランティア活動をしましたか？」という質問があります。

その結果「仕事に熱意を持っている人」は「仕事に熱意を感じていない人」よりも、ボランティア活動をしている割合が20～30％高いことがわかっています。

またある組織では、「仕事に熱意を持っている人」は「仕事に熱意を感じていない人」たちに比べて、2・6倍も多額の寄付をしていました。

「地域社会の幸福」は、それ以外の4つの幸福の要素上に築かれており、たがいに深く関連しています。**4つの幸福の要素のどれか1つが向上すると、地域社会の幸福度も向上します。そのことがまた他の要素を向上させることにつながります。そんなよい循環の中で「人生全体の幸福」は実現していく**のです。

この章のまとめ：地域社会の幸福とは

地域社会の幸福度が高い人は、自分の住んでいる地域社会が安全で文化的な場所であることに誇りを持っています。そして、自分に安心と喜びを与えてくれる地域社会に感謝し、何らかの形で恩返ししようと意識的に地域貢献を行っています。

彼らは自分の強みや好みを考え合わせて、どんな貢献活動ができるか考えています。そして自分の状況や考え方にあったグループと関わる機会ができるように、周りの人たちに自分の関心や特技を知らせています。

このような人たちの貢献は、最初は小さいものかもしれません。1人だけの力は小さいかもしれません。

しかし時間がたつにつれて彼ら同士、また周囲の人々との結びつきが強固になり、地域社会に欠くことのできない大きな影響を及ぼす存在となっていくのです。

Point

地域社会の幸福度を高める 3つの習慣

1.

自分の強みや人生の目標に照らし合わせて、
貢献の仕方を考える。
強みや興味を活かして、
どうやって地域社会に貢献するかを明確にする。

2.

自分の思いや興味関心を周囲に伝える。
自分に合ったグループと巡り合うきっかけを
作るように努力する。

3.

地域社会のグループ活動やイベントに積極的に参加する。
最初は小さなことでも、とにかく動き出してみる。

6章

人生を価値あるものとするために

1968年、死の直前にロバート・ケネディ大統領はこう語りました。

＊＊＊

「私たちは、すばらしい地域社会に守られて生活しています。その地域社会は物質的な財の蓄積によって構築されています。

財の蓄積は、国民総生産で表されますが、国民総生産を増やすために、大気汚染やタバコの広告、交通事故に向かう救急車が増えています。

国民総生産が増えるに従い、ドアにもう1つ複雑な鍵が必要になり、そんな鍵までこじ開けてしまう犯罪者を収容する刑務所も増え続けています。

国民総生産が増えるに従い、無秩序に拡大する郊外の住宅で森が破壊され、すばらしい自然が失われてきています。

同時に、国民総生産の増加は、ナパーム弾や核弾頭による犠牲、市街地で暴徒と化した人々と戦うための装甲車まで必要とする状況を招いています。

国民総生産の増加は、ライフル魔ホイットマンが所持していたライフル銃、殺人鬼スペックが所持していたナイフ、子どもにおもちゃを売るためのバイオレンス映像を流し続けるテレビ番組も増やしています。

これほど大きな犠牲を払っているにもかかわらず、わが国の国民総生産によって、子どもの健康、教育、遊びの楽しみなどが保証されるにはいたっていません。

国民総生産には、詩の美しさや結婚生活の絆は含まれないのです。私たちの国政を論じる議論の知性や公僕の誠実さも含まれないのです。

国民総生産には、ユーモアや勇気も含まれません。私たちの智恵や学び、国に対する献身的な思いやりや愛情も含まれないのです。

国民総生産は、あらゆるものを測る指標となっているにもかかわらず、その中に、私たちの人生を価値あるものにしているものは1つも含まれていないのです」

＊＊＊

ケネディが雄弁に語ったように、私たちの人生は経済活動によって生み出される財よりも、もっと大切なものでできています。

自分自身のためにも周囲の人のためにも、人生を意義あるものとするためには〝地域社会に利益をもたらし、自分自身も楽しめる何か〟を見つける必要があります。

愛する人たちとの関係を強める時間を作り出すために、お金を使う必要があります。

毎日活き活きと生活できる、エネルギーにあふれた健康的なライフスタイルを実践する必要があります。


人生を意義あるものとするためには、よりよい日々の選択をする必要があります。

睡眠時間をもう30分長くするだけで、あるいは友人や家族と一緒に過ごす時間をもう1時間増やすだけで、いつもと同じ1日がすばらしい1日に生まれ変わります。

日々の決まり切った日課をほんの少しだけ変化させるだけで、その1日を価値ある1日に変えることもできるのです。


ふだんの1日を思い出してみてください。

職場で次々と起こってくる問題に対処するだけで、何ひとつ新しいことを始めることができない1日かもしれません。

外に出て運動しようかなと思いながら、結局のところぼんやりとテレビを見ているだけの1日かもしれません。

地域社会にお返しできるような活動をしようと思いつつ「今日じゃなくてもいいか」と後回しにしている1日かもしれません。

甘い物や揚げ物を食べ過ぎるなど、あと数週間か数カ月で大きなストレスを生み出すであろうことをしているかもしれません。


体によくないものばかり食べてしまった日、運動を省略してしまった日、仕事でストレスだらけの日、だれとも話をしなかった日、お金のことが心配でたまらなかった日……、そんな日はエネルギーが低下して、八つ当たりしてしまったり、夜もよく眠れないという状況になってしまうかもしれません。

こんな思い通りにならない日々を放置しておくと、悪循環が続いてしまいます。でも、悪循環はほんの少し変化を起こすだけで断ち切ることができるのです。

ノーベル経済学賞を受けた経済学者のトーマス・シェリングはこう言っています。

「人は、あたかも2人の人間が一緒になったような行動をしている」

ぜい肉のない身体を手に入れたいと思う1人と、何か甘いものを食べたいと思うもう1人、私たちはいつもどちらか一方を優先しています。


私たちの1日は、瞬間の選択の積み重ねでできています。

体によくないものを少しだけ減らす選択、良いもの少しだけ増やそうという選択、疲れていて面倒だけど少しだけ身体を動かそうという選択、もっと夜更かししたいけど今日は30分だけ早く寝ようという選択――。

トーマス・シェリングが言う〝自分の中の2人の人間〟のうち「今だけ楽をしたい」という自分ではなく、「健康でやる気にあふれた身体を手に入れたい」という自分を、ちょっとだけ後押しする小さな選択が悪循環を断ち切るきっかけになります。

1日1日をよりよい日にするためには、ポジティブな〝初期設定〟を利用するのも効果的です。

一緒にウォーキングする仲間を作り、誘いに来てもらうことで、運動を日課にすることもできます。

冷蔵庫を開けたときに不健康な食べ物に惑わされないように、スーパーで買い物する時点で体によくない食べ物は買わないこともできます。

残ったお金を貯金するのではなく、最初から天引きにしておくことで将来の生活に備えることもできます。

地域のボランティアグループに登録することで、先方から協力の要請がかかるようにすることもできます。

最初から強い意志で、人生によいことばかりを選択できる人はほとんどいません。自分の弱さを補うサポートシステムを設定することで、よりよい決断をしやすくなります。

それでも、今日はよい日にできたけど、翌日は散々でまた元に戻ってしまった、そんなこともあるでしょう。それでも、気持ちをリセットしてまた小さな決断を積み重ねていく、それでいいのです。

一瞬一瞬の小さな決断の積み重ねが1日を作ります。その1日1日の積み重ねがより良い人生へとつながっていくのです。

訳者あとがき

「ウェル・ビーイング」本書の原書のタイトルであるこの言葉は、〝健康で快適で安心感があり、さまざまな点で満たされた幸せな状態〟が一語になっている言葉です。

英語ではよく使われる言葉で、たとえば Wellbeing of child（子どものウェル・ビーイング）というと、子どもが安全な環境の中で、愛情に満たされて、健康な身体で楽しそうに遊んでいる、といった状態を意味します。

人が幸せであるためのさまざまな要素を包括的に表す「ウェル・ビーイング」という言葉には、日本語一語でぴったり収まる定訳がなく、本書では「幸福」「幸福度」「幸福感」など、その文脈の中で最もわかりやすい言葉に代えて各章の初出の部分にのみ「ウェル・ビーイング」とカタカナルビをふりました。

言葉の定義はさておき、幸福とは人によって相対的なものであり、何か一定基準を設けて数値で測ることはむずかしい、という点は国や言語を問わず共通していると思います。

しかし、本書を出版したアメリカのギャラップ社は、過去80年間にわたり、〝人が何を考え、何を感じているか〟という、本来なら数値化がむずかしい〝質的な情報〟を計測するツールを世界規模で開発し続けてきた会社です。

その一部をご紹介すると、世論調査をはじめ、入社後に優秀な成果を出せるかどうかを予測する採用ツール、1人1人異なる「強みを」100人100通りに計測するストレングスファインダー、マネジャーがチームを効果的にマネジメントしているかどうかを測定するツールなどがあります〝目に見えない能力や状態を計測すること〟に執拗にこだわってきた会社と言ってもよいでしょう。

今回もその例に漏れず〝幸福〟という最も抽象的で数値化しにくいと思われていたものを、世界規模で調査をかけデータ化し、さらに私たちが日々の生活の中に取り入れる小さな工夫レベルにまで落とし込んだプロジェクトです。

本書は、アメリカでは2010年にベストセラーとなり、同時期に出されたギャラップ社の Strengths Based Leadership と並んで、各地の空港などの書店にあるビジネス書コーナーの一等地で目立って並べられていました。

私は、以前同社に勤めていたこともあり、書店でひときわ目立つ同書を見て、本書の著者トム・ラスをはじめ数字オタクともいうべき左脳系の元同僚達を懐かしく思い出していました。

ギャラップ社は、アメリカの会社には珍しく家族主義的で、お互いを承認し合う文化がある会社でした。数字が得意な社員は数字に明け暮れ、コミュニケーションが得意な社員は営業を引き受け、お互いの努力や成果に感謝するツールやチャンスも多数用意されていました。

私ごとで恐縮ですが、同社を辞めてビジネスコーチとして独立したあとも、「仲間とともにお互いの強みを活かし合って、共にすばらしい人生《グレイトライフ》を送る」というギャラップ社のコアバリューは、自分自身の中に生き続けています。

本書の特長は、幸福度でハイスコアをとった方々へのインタビューから〝よりよく生きるコツ〟を抽出した「使える」本であることです。実際に実践している人の方法が紹介されているので、すぐに取り入れられる方法がたくさん見つけられます。

たとえば「1日20分間、しかも朝のうちに（ウェイトトレーニングでも自転車漕ぎでもウォーキングでも何であれ）体を動かすと、そのあと12時間は脂肪の燃焼率が上がり、しかも1日中いい気分で過ごせるという調査結果が出た」と具体的に書かれると、今までは「時間がない、忙しい」と運動を敬遠していた人でも「ほんのちょっぴりだったら、やってみようかな」と気持ちが動きます。

翻訳を進めながら、こんなふうに気持ちが動くネタが出てくるたびに、コーチングのクライアントの方々と内容や方法をシェアし、一緒に実践してみました。

彼らと一緒に取り組んでみて「これは使える！　ここがコツ！」と思った点や、ビジネスマンの方々にぜひ知ってほしいと思った点を、以下にいくつか並べてみます。

1人で取り組むより仲間を巻き込んだ方が効果的

本書には、友達と一緒に取り組むことで、運動の習慣が続けられているという体験談や、仲間と一緒にダイエットに取り組むことで確実に効果が上がり長続きする、というデータが載っています。

この点を参考に、私のクライアントの方々に、ウォーキングやダイエット、禁煙や減酒に取り組んでもらいました。共通していたのは「自分のためと思うと挫折しやすいけれど、家族や友人のためと思うとがんばれる」という感想です。

「自分のためだけだと『今日は雨だし』『今週は忙しいから』とやらない言い訳はいくらでもできる。でも、自分が続けることで相手も続けられると思うとやる気が出る」とのこと。

また、健康面の幸福度が上がるだけでなく、語り合えるテーマが出てきたことでコミュニケーションも増え、人間関係や地域社会の幸福度も上がる、というおまけも付いてきたそうです。

だれかのためになる行動を、小さなことからスタートする

たとえば、仕事で「自分の得意技や強みを職場のだれかのために使ってみる」、健康面で「新しい運動習慣を身近な人と共に始めてみる」、経済面ならば「自分の買い物をしたときには家族や友人にもほんの小さなプレゼントをする」ことをセットにしてみる、地域

社会面ならば「同じマンションに住む人に朝夕の挨拶をしたり、エレベーターを待ってあげる」など、ちょっとしたことで〝自分以外のだれかのためにできること〟があります。

今回、こうした〝だれかのための行動〟を実践してみた方々からは「自分には周囲の人を笑顔にする力がある、自分には変化を起こす力がある、そんなふうに思えてエネルギーが上がり、前向きな気持ちになる」といった感想を聞くことができました。

こうした気持ちで日々の仕事に取り組み、人と接していると、幸福度は確実に上がります。本書からは「私たちは、仕事でうまくいったり収入が増えたから幸せになるのではなく、幸せな気持ちで取り組むからこそ物事も人間関係もうまくいく」そんなメッセージも読みとれるのではないでしょうか。

仕事の幸福に本気で取り組む

「仕事の幸福」の章では「人生の全体的な幸福を考えたとき、仕事面の幸福は最も重要で根幹をなす要素」であると書かれています。本書が定義する〝仕事〟とは、収入の有無にかかわらず、学業や主婦業、ライフワークなどすべてを含みますが、会社勤めをしている方が仕事面での幸福度を上げることは、最もハードルが高く、それゆえ本気で取り組むと人生全体の幸福度を上げるレバレッジ効果が高いのは間違いのないところでしょう。

では、仕事面の幸福度を上げていくコツは何でしょうか。

「仕事の幸福」の章では、自分の「強み」に意識を向けそれを日々使っている人は、弱みに意識を向けている人よりも仕事に熱意を感じ仕事を楽しんでいる割合が6倍、というデータが出てきます。

ギャラップ社でストレングスファインダーという強みを発見するツールを使ったコンサルティングを行ってきた経験から、自分の強みを使って仕事の幸福度を上げる方法について、少しだけ付け加えさせていただきます。

①自分の強みを使って周囲の人を喜ばせる

自分の強みを使うとき、人は心から楽しいと思えます。さらに、自分が楽しいと思える小さなことを、周囲のだれかのためにすれば、人間関係の幸福は確実に高められます。

たとえば、学習意欲が強い人は、本を読んだり、セミナーなどで学んだことを人に教えてあげる、数字に強いならば、計算が苦手な方の代わりに集計ソフトを駆使してあげるなど、自分では苦もなくできることで、周りの人が喜んでくれることを見つけて、やってみてはいかがでしょうか。

②職場で上司と合わないときこそ、強みを仲間のために使う

会社では上司を選ぶわけにはいきません。その上司と合わないと、成果が上がらないばかりか身体までこわしてしまうとしたら、文字通り〝踏んだり蹴ったり〟です。

とはいえ、上司を恨んでも変えようとしても、まず変えることはできません。そんな時こそ、「仕事の幸福」の章にあるように〝自分の強みを仕事の中で毎日使ってみる〟ことをお勧めします。

自分の職務範囲を超えた仕事で、自分の得にならないように思えても、自分の得意技を周囲の人のために使っていると、自分も楽しく相手から感謝され、さらにうれしい気持ちになります。1日で一番長い時間を過ごす職場で、上司のことを考えてストレスホルモン値を上げるか、仕事＋貢献でαエンドロフィンを上げるかは、選択次第だといえるのではないでしょうか。

③自分の強みがわからない、もっと知りたい時の3つの方法

「自分の強みがわからない、もっと知りたい」と思われた方は――、

1　家族や同僚、友人など周囲の方に聞いてみる（その際に、相手についてスゴイな、真似したいなと思っている相手の強みを伝えると、関係性が強まります）

2　自分が過去にうまくいったり、たいへんな状況をなんとかやりこなした時を思い出して、自分にどんな能力があるか棚卸しをしてみる

3　性格診断のツールを探し実行してみる――などの方法があります。

特に2つめの〝棚卸し〟は効果絶大です。引き出しやタンスの中に入っている物を全部出して並べてみると「あれ、こんなものあったんだ」と思い出して死蔵品を活かせることがありますが、自分の能力も同じです。

自分はこんな能力を持ってるんだと発見すると、それだけでもうれしい気持ちになり、そのうれしさを人に分けてあげたくなるものです（ただし、20代の方は、能力の裾野を広げる時期でもあります。自分の強みを活かす前に、与えられた仕事はどんなことでも取り組んでみるという努力をしつつ、トライしてみてください）。

④強みはわかってきたけど、職場でどう使っていいかわからない方へ

強みに気づいても「活かし方がわからない。こんな能力はみんな持ってる。弱みの方が気になる」と思う方もいるかもしれません。そう感じた方は、まず自分が気軽に手伝えることはないかなと周りを見回してみてください。

荷物を抱えて重そうにしている人の荷物を持ってあげる、プレゼン前で緊張している同僚の過去の成功を指折り数えて「大丈夫だよ」と応援する、残業中の同僚に「がんばってるね」とチョコを1粒渡すなど、小さなことでも自分ができることを続けてみてください。

その行動には、相手の痛みに気づく共感性やポジティブ力、仲間意識の親密性など、実はあなたの強みが反映されています。

ちなみに「強みにフォーカスしてばかりでいいのか、弱みに対処すべきではないか」という意見をよく聞きます。確かに、ビジネスライクに考えると、ボトルネックの一番弱いところに対処することはとても大事です。

しかし〝できていないことや弱いところに目がいく〟のはある意味、生物として生き延

びるための本能とも言えます。一方、〝できているところに目を向けること、強みに意識を向ける〟のは、知性であり意志であり、学んで得られる能力です。

本書を手にとってくださったお一人お一人が、周囲の方を巻き込みながら本書に中から使えると思ったところを実践し、お互いの存在に感謝しながら人生の幸福度を上げていくことを心から楽しみにしています。

森川里美

❶

幸福度を高める時間の使い方とは？

人生は、日々の経験の積み重ねでできています。どのような経験が人の幸福によい影響を与えるのでしょうか？

ギャラップ社では３人の科学者（ノーベル賞を受賞した心理学者、アメリカ財務省現チーフエコノミスト、そしてデータ収集分析のプロフェッショナル）を中心とした研究チームを編成し、時間の使い方を測定する研究を10年間にわたって実施しました。

「ナショナル・タイム・アカウンティング」と呼ばれるこの研究では「どんな活動をしているか」「だれと一緒に時間を過ごすか」に注目し、どんなときに「楽しい」と感じ、どんなときに「楽しくない」と感じるかを調査しています。

この研究では、インタビュー対象者に、45種類の活動（仕事、テレビの視聴などの日常的活動から、スポーツイベントへの参加などまれな活動まで）それぞれに、どのくらい時間をかけているかを質問しました。そして、45種類の活動を6つのカテゴリーに分類してまとめた結果が以下のグラフです

平均的な時間の使い方

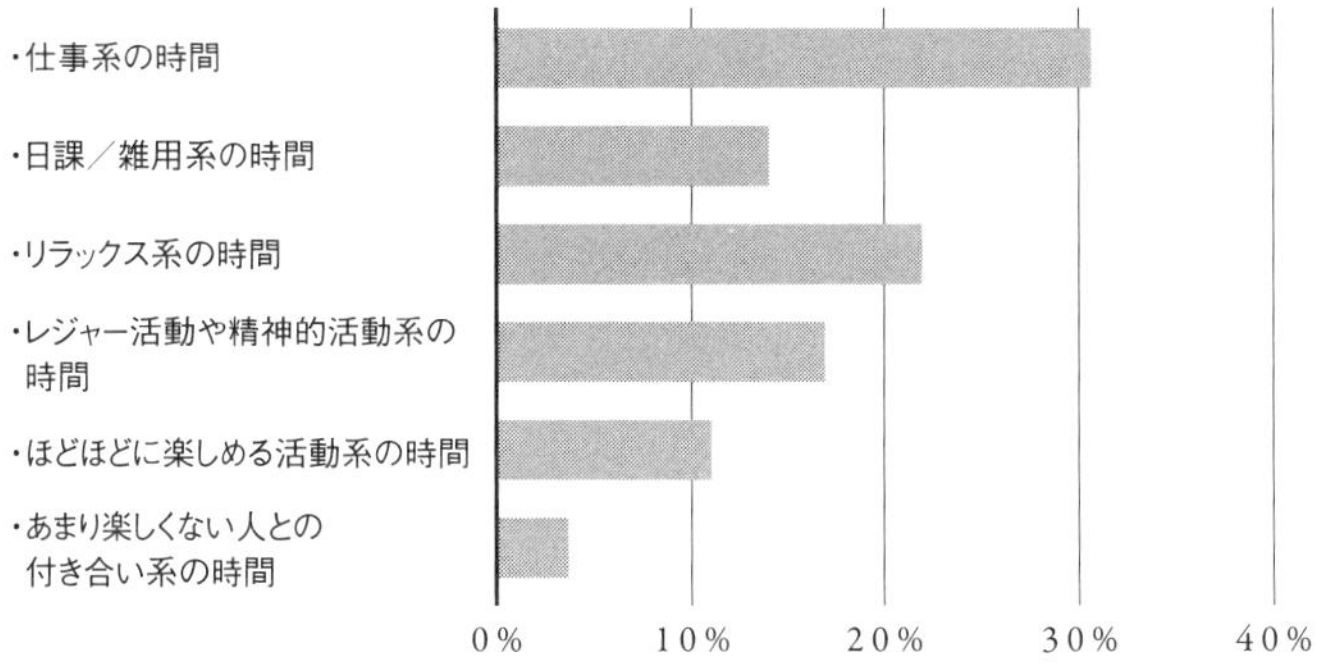

出典：Krueger, et al., *National time accounting: The currency of life*, March 2008

●最も幸福度を高める活動とは？

調査では、それぞれの活動をどのくらい楽しんでいるのかを数値化するため「幸せ・疲労・ストレス・悲しみ・関心・痛み」の度合いを自己採点してもらいました。

この数値をもとに、6つのカテゴリーそれぞれに費やす時間と日々の幸福度に与える影響との関係性が明確になりました。

以下のグラフが示す通り、人の幸福度と関心度が最も高い（同時に疲れやストレスや悲しみや痛みが低い）のは「レジャー活動や精神的活動」をしているときでした。

時間の使い方別の楽しさ

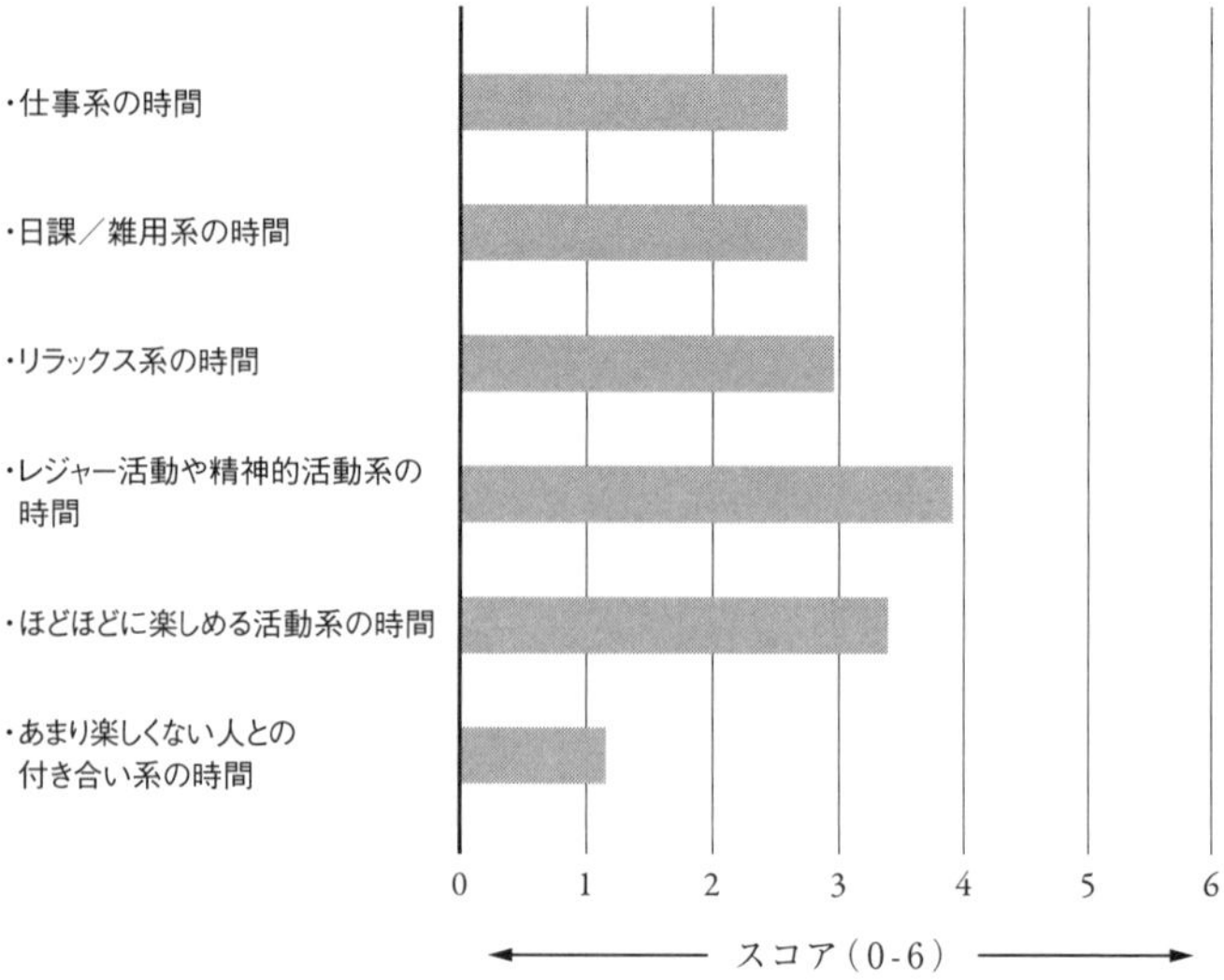

出典：Krueger, et al., *National time accounting: The currency of life*, March 2008

6つのカテゴリーでの分析では、時間の使い方の全体的な傾向を把握することができます。さらに、45の活動それぞれに注目すると、より詳細が見えてきます。以下の表に見られる通り、活動の種類によって楽しさにはかなりの差があります。

最も楽しい活動10

活動	スコア
・音楽を聴く	4.81
・子どもと遊ぶ	4.81
・スポーツイベントへの参加	4.74
・狩りや釣り、ボート乗船、ハイキング	4.73
・パーティーに行く	4.72
・有料の個人的サービスを受ける	4.43
・一般的な外での活動	4.39
・お茶やお酒を飲む	4.39
・スポーツや運動をする	4.26
・ワークショップ、宗教行事への参加	4.24

最も楽しくない活動10

活動	スコア
・個人的な病気の治療	0.21
・お金、行政関係の雑務	0.32
・自宅での仕事	0.80
・医療行為を受ける	2.08
・家や車のメンテナンス	2.22
・食事の準備や片付け	2.28
・自宅で行う有給の仕事	2.35
・教育活動	2.42
・洗濯やアイロン、服の修繕	2.46
・仕事（有給の自宅での仕事は除く）	2.55

出典：Krueger, et al., *National time accounting: The currency of life*, March 2008

●テレビは幸せの役に立っている

「音楽を聴くこと」は最も楽しい活動の１つです。単に幸せを感じるだけでなく、ストレスが大きく軽減されることがその理由となっています。

「子どもと遊ぶこと」は「音楽を聴くこと」と肩を並べています。違いは「音楽を聴くこと」はストレスがないのに比べて、若干ストレスが上がるという点です。

使う時間の〝長さ〟という観点で、45の活動と時代のトレンド（1960年代、1970年代、1980年代、1990年代と過去10年間に実施された調査結果との比較）を重ね合わせて分析した結果では、男女共に「テレビを見る時間」が大幅に増加していました。

1960年代、女性がテレビを見る時間は自分の時間の約８％でした。現在ではビデオも含めて15％と倍増しています。男性は1960年代の11％から17％へと増加しています。

〝楽しさ〟の観点から見ると「テレビを見る時間」は45の活動の中間で「友達と過ごす時間」や「子どもと遊ぶ時間」よりも下に位置付けられています。テレビを見る時間に害があるわけではありませんが、アメリカにおいては「テレビを見る時間」より、活動的で人間関係に関わる時間の方が、幸福を感じる傾向にあります。

世界的に見ると、テレビはほとんどの家庭で有効だと評価されています。収入額が同程度の人を比べてみると、テレビを持つ人の方が幸福度は高く、より楽観的です。

特に発展途上国では、テレビから基本的な情報を入手したり、世界の他の地域で起きていることを知ることで世界とつながっていると感じられるようになります。

電気や水道などの社会的基盤の整備状況や資産の有無とは関係なく、テレビを持つことの恩恵は非常に大きいと言えます。

●一緒にいると幸福度が下がる人とは？

日々の幸福度に関するいくつかの調査から「だれと一緒に過ごすか」がよい日と悪い日を決定付ける重要な要因であることが明らかになりました。

そこで研究チームは「具体的にだれと一緒にいた時間が不快であったか」を測る指数「不快指数（＝Uインデックス）」を開発しました。

この指数は、ネガティブな感情（落ち込む、怒る、いらいらするなど）が、ポジティブな感情（幸せ、自分が楽しい、ほっとできる）を超えた時間の比率を意味しています。

一緒にいたくない人はだれ？

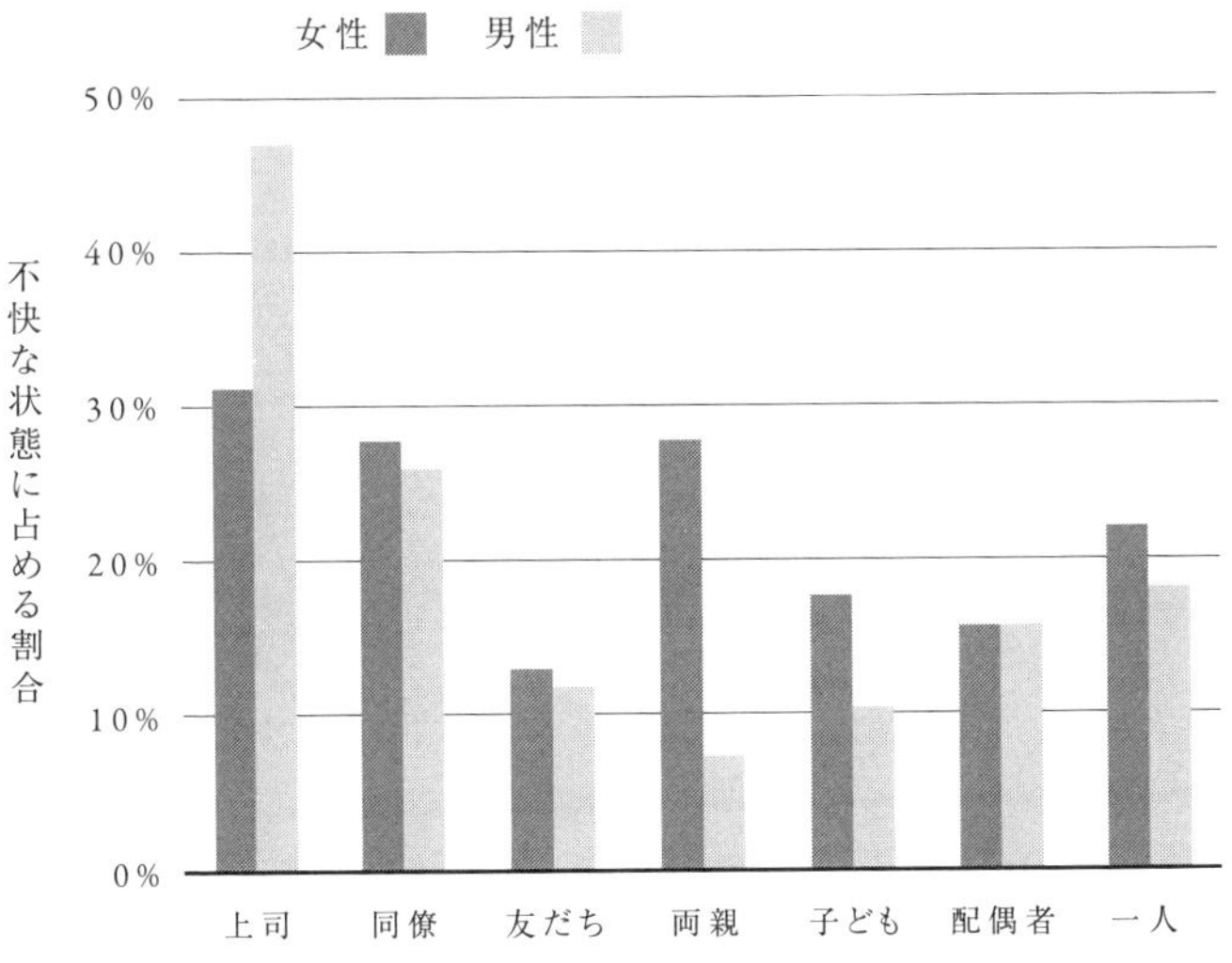

出典：Krueger, et al., *National time accounting: The currency of life*, March 2008

左のグラフの通り「上司との時間」は「友だちとの時間」より２～４倍も不快です。男性ほど不快指数は高くなっています。特に男性の場合、マネジャーや上司と一緒に時間を過ごす時間で、ストレスは大幅に増加し、幸福度は下がっています。

しかし、この傾向はすべての上司に当てはまるわけではありません。

ギャラップ社の調査では、部下の「仕事に対する熱意」を引き出すことで、部下の不快指数をくつがえし、組織のパフォーマンスを向上させているマネジャーが何千人も存在しました。

１日の中で勤務時間が占める割合を考えると、他のどの要素よりも、「仕事の幸福」のスコアを高める効果は大きいと言えるでしょう。

組織のリーダーやマネジャーは、部下の幸福度に与える上司の影響に注意を払うことで、組織のパフォーマンスが上がることを認識する必要があるのです。

7

職場の幸福度を高めるためにすべきこと

もしあなたが組織のリーダー、または部下を持つマネジャーなら、あなたの言動は部下の幸福度に直接影響することを知っておくべきです。

上司が部下の幸福度を上げることに取り組めば、チームのやる気は高まり、組織に大きな貢献をもたらすことができます。さらに、部下の家族まで幸福にすることもできます。

しかし、上司が部下の幸福度について、「それは自分の仕事ではない」と無関心な場合、部下は自信をなくし、不満を感じ、パフォーマンスを下げ、結果的には組織の成長をも妨げることになってしまいます。

●組織風土がわかるたった1つの質問

ギャラップ社は過去10年以上にわたり、数百もの組織のリーダーやマネジャーに対して〝社員の仕事に対する熱意〟を引き出すプログラムを実施し、約1500万人以上の社員の〝職場の幸福度〟を引き上げるサポートをしてきました。

このプロセスを通じて、組織のリーダーやマネジャーが〝社員の幸福〟を本当に大切にしているかどうかを、社員の目線から測るバロメーターとなる質問が明確になりました。

それは「上司（または職場のだれか）が、あなたを1人の人間として気遣ってくれていると思いますか？」という質問でした。

この質問で、リーダーやマネジャーが、部下を〝組織の目標を達成するための単なる道具〟としてではなく、1人の人間として大事に接しているかどうかを把握することができます。

● 「従業員の成長」は手段か、それとも目的か？

世界の優れたリーダーやマネジャーの多くは、部下の成長を〝組織の目標達成のための手段〟として考えるのではなく〝部下の成長それ自体が組織の目的〟だと捉えています。そして〝部下の幸福〟さらに多くの場合は〝部下の家族の幸福〟までをも、自分の責任範囲であると認識しています。

リッツカールトンホテルのサイモン・クーパー社長（*訳注：本書が執筆された当時社長。2010年8月退任）は「世界中の３万8000人の従業員に仕えるだけでなく、従業員の家族の役にも立つことが会社の重要な目的」だとインタビューで語りました。

このような進んだ考え方は、ギャラップ社が行う優れたリーダーとのインタビューにおいて、けっしてめずらしいものではありません。部下とその周囲にもたらす自分自身の影響力について、深く認識しているリーダーは少なくないのです。

スタンダード・チャータード銀行の前会長マーヴィン・デーヴィス氏はインタビューで、会社が従業員を１人の人間として気にかけていることを、70カ国以上７万人を超える従業員に知ってもらうためにしたことを話してくれました。

デーヴィス氏は、妻が乳ガンで闘病中であり、自分も共にがんばっていることを従業員に公言しました。同時に、会社が従業員の心身の健康を気にかけていることを理解してもらえるよう働きかけ、従業員の全体的な幸福度の向上に取り組むプログラムを新たに導入しました。

デーヴィス氏は、自分の直属の部下には「家族を優先するように」と、いつも声をかけていたそうです。従業員に愛情をかけない企業は、従業員からも心から愛着を感じてもらえないことをデーヴィス氏は知っていたのです。

●幸福度と業績は連動する

リーダーやマネジャーの中には「部下の幸福度を向上させるのは自分の業務ではない」と考え、部下に対して無関心な人も多くいますが、それは危険な行為です。

ギャラップ社がこれまで行った大規模調査でも、仕事に対する熱意や幸福度が低い従業員は、チームの業績を急速にマイナス方向に引っ張ることは明らかです 。

さらに、これらの調査では「上司（または職場のだれか）が、あなたを１人の人間として気遣ってくれていると思うか？」という質問にイエスと答えた人たちには、以下の傾向があることがわかりました。

・職場で業績を挙げている
・質の高い仕事をする
・体調が悪くなりにくい
・転職をほとんどしない
・職場で怪我をしない

こうした傾向を持つ社員がチームを組むことで、より効率的で、より高い業績を上げる組織が出来上がるのです。

部下の幸福に取り組むマネジャーやリーダーは、組織の成長にも貢献していると言えます。従業員にとっての最善の策は、組織にとっても最善の策なのです。

●採用ツールとしての組織の幸福

最も先進的なリーダーは、部下の幸福度を上げることを自分の業務として理解し、取り組んでいるだけでなく、部下の採用や定着の面でも非常に強力なツールとして使っています。

その組織で働くことで、より良い人間関係や経済的安定が得られること、さらに、今以上に健康的になり、地域社会への貢献が実現すること——、こういったことを採用候補者に示すことが、優秀な人物の採用につながると考えているのです。

単にリーダーが「わが社は、部下の幸福を重要視している」と伝えるだけでは十分ではありません。成果を得るためには、行動で示す必要があります。

そのためには従業員の幸福度を継続的に数値で測定し、フォローしなければなりません。

成功している組織は、従業員の仕事に対する熱意のレベルを最大化する仕組みに加え、競合企業に対しての圧倒的優位を勝ち取る手法として、従業員の幸福度向上プログラムにも取り組み始めています。

11

「幸福の5つの要素」を定義する

1　仕事の幸福

多くの人が会社などの組織で働いています。自宅や学校、工場、屋外で仕事をする人もいます。退職した人やボランティアに励む人もいます。人はそれぞれ、さまざまな場所で1日の多くの時間を過ごしています。

基本的に、人には〝何かすべきこと〟が必要です。それが〝何か楽しみなこと〟であれば理想的です。

「仕事の幸福」とは、日々行っていることが「好きだ」と思えることです。仕事の幸福度が高い人は〝その日楽しみにしていることがある〟という状態で、毎朝目覚めます。自分の強みを活かす機会や、興味があることをする機会があり、人生の目的を達成するための計画を持っています。

さらに、仕事の幸福度が高い人には、希望に満ちた未来の姿を示してやる気を引き出してくれるリーダーや、情熱を分かち合える友人がいます。

仕事の幸福度が高い人は、家族や友人との時間を犠牲にして長時間働いていると思われがちですが、調査の結果を見ると、彼らは人生を楽しむ時間を仕事以上にしっかりと取っています。

彼らは、家族や友人と過ごす時間を、ありふれた当たり前の時間とは考えず、すばらしい価値ある時間として大切にしていて、それがまた、毎日の仕事への愛着につながっているのです。

2　人間関係の幸福

私たちは身近な人との関係や社会とのつながりが幸福に与える影響を過小評価しがちです。しかし幸福は、自分の周囲との関係や、周囲の人それぞれのネットワークからも大きな影響を受けています。

人間関係の幸福度が高い人は、目標達成の手助けをしてくれたり、健康でいられるようにサポートしてくれる友人がいます。そし

て、ありのままの彼らを受け入れ、成長を応援し、敬意をもって接してくれる人に囲まれています。

彼らは、家族や友人と休暇を過ごしたり、集まったりする時間をより多く持つ傾向にあります。

言い換えると、人間関係を強めるための時間の投資を意識的に行っているのです。それが周囲からの愛情を強く感じることにつながり、ポジティブなエネルギー源になっていると彼らは言います。「人間関係の幸福」は、周囲の人との友情や愛情によって得られるものなのです。

3　経済的な幸福

お金で幸せは買えないかもしれません。しかし、お金で基本的な欲求を満たすことなしに、幸せになるのはなかなかむずかしいことです。

反対に、いったん基本的な欲求が満たされるだけのお金を得ると、今度はお金をどれくらい持っているかという資産金額よりも、お金の使い方や管理方法から得られる経済的な安心感の方が、「人生全体の幸福」への影響が大きくなります。

つまり「経済的な幸福」とは、日々のお金との効果的な付き合い方の結果であると言えるでしょう。

経済的な幸福度が高い人は、個人資産を上手に管理し、賢いお金の使い方をしています。物を買うだけでなく〝経験する〟ためにお金を使います。

また、自分のために買い物をするだけでなく、他の人のためにもお金を使います。つまり、基本的に現在の生活に満足しているのです。

このようなお金との付き合い方をする人は、結果的にストレスや借金を心配する毎日から解放され、経済的な安心感を得ています。

経済的な安心感があるから、やりたいときにやりたいことができて、一緒に過ごしたいと思う人たちと共に過ごす時間を持つことができる。彼らは、そんな自由も手に入れています。

4　身体的な幸福

日々の（短期的な）選択は、長期にわたる心身の健康に大きな影響を与えます。

日々に健康的な習慣を取り入れ、食事や運動、睡眠に気を配って毎日を過ごせれば、毎日元気で、見た目も気分もよく、そして長生きすることができます。

「身体的な幸福」とは、体調にさまたげられることなく、自分がやりたいと思うことを、思う存分にできるだけのエネルギーを持ち合わせていることです。

身体的な幸福度の高い人は、上手に健康管理をしています。

定期的に運動することで、毎日気分よく生活しています。また、健康的な食事のおかげで、高いエネルギーレベルを１日維持することができ、頭の回転もさえています。十分な睡眠をとるので、睡眠中にその日学んだことが整理でき、次の日はエネルギーに満ちた状態で朝を迎えて、１日のいいスタートを切ることができます。彼らは見た目も元気です。

健康的なライフスタイルのおかげで、各年代で普通にできるだろうと想定されていることのほとんどを行うことができます。

5　地域社会の幸福

私たちが生活していく上では、安心して暮らせる場所と飲み水や空気の安全性の確保が、まず必要です。加えて、私たちの基本的なニーズを満たしてくれる家庭と、その地域の一員であることに誇りが持てる地域社会が必要となります。

「地域社会の幸福」とは、今住んでいる地域と積極的に関わろうと

する姿勢です。地域社会での活動に参加して貢献することは、地域社会に対してプラスになるだけでなく、自分自身にとってもプラスに働きます。〝良い行い〟をすることで社会との関わりは深まり、人生の意味や意義がはっきりし、より活動的なライフスタイルへと進化します。

地域社会の幸福度が高い人は、自分自身の住む場所が安心で安全であると感じています。地域に誇りを持ち、正しい方向に向かっていると感じています。

彼らは、そういう地域社会に住めることを当然とは思っていません。地域社会が自分に与えてくれることのために「何かお返ししたい」「社会に対して長期的に貢献したい」という気持ちでいます。

その地域が自分の強みや情熱を活かして貢献する価値がある場所だと思えるので、自分の興味や能力を必要とするグループと出合えるように、自分の思いを他の人に話して、ベストマッチのグループと出合おうとします。

彼らの地域社会への貢献は、最初はささいなものかもしれません。しかし、やがて活動が拡大していけば、地域に対して大きな影響力を持つようになります。

人は地域社会なしには生きられませんし、地域社会は、実はこのような努力によって形成されています。

地域社会の幸福度が高いことのメリットは、単に“よい人生”ではなく、“最高の人生”が送れることではないでしょうか。

15

世界の国別
幸福度ランキング

順位	国名	うまくいっている	葛藤している	苦しんでいる	日々の幸福度
1	デンマーク	82%	17%	1%	7.9
2	フィンランド	75%	23%	2%	7.8
3	アイルランド	72%	28%	0%	8.1
4	ノルウェイ	69%	31%	0%	7.9
5	スウェーデン	68%	30%	2%	7.9
6	オランダ	68%	32%	1%	7.7
7	カナダ	68%	31%	1%	7.8
8	ニュージーランド	63%	35%	2%	7.6
9	スイス	62%	36%	2%	7.6
10	オーストラリア	62%	35%	3%	7.5
11	スペイン	60%	37%	3%	7.3
12	イスラエル	60%	36%	4%	6.4
13	オーストリア	57%	40%	3%	7.7
14	イギリス	56%	41%	3%	7.4
15	ベルギー	56%	41%	3%	7.3
16	メキシコ	52%	44%	4%	7.8
17	パナマ	51%	46%	2%	8.2
18	UAE	51%	46%	3%	7.2
19	アメリカ	50%	47%	4%	7.6
20	フランス	49%	49%	2%	7
21	サウジアラビア	48%	51%	1%	6.8
22	プエルトリコ	47%	45%	8%	7.6
23	ジャマイカ	46%	49%	5%	7.7
24	シンガポール	46%	49%	5%	7
25	クエート	45%	54%	1%	7.5
26	トリニダード・トバゴ	44%	51%	5%	7.9
27	コロンビア	44%	48%	7%	7.4

順位	国名	うまくいっている	葛藤している	苦しんでいる	日々の幸福度
28	ギリシャ	44%	49%	7%	7.1
29	ベリーズ	44%	50%	6%	6.8
30	イタリア	42%	52%	6%	6.7
31	ベネゼエラ	42%	52%	6%	8
32	コスタリカ	40%	54%	6%	7.9
33	キプロス	40%	53%	7%	7
34	チェコ共和国	39%	51%	9%	6.6
35	カザフスタン	39%	57%	4%	6.9
36	ブラジル	37%	57%	6%	7.4
37	ドイツ	36%	56%	7%	7.3
38	アルジェリア	33%	58%	8%	7.2
39	グァテマラ	33%	59%	8%	7.8
40	チリ	32%	56%	12%	7
41	ガイアナ	31%	64%	5%	7
42	ロシア	31%	56%	13%	7.1
43	ウルグアイ	31%	58%	11%	7.3
44	リトアニア	29%	55%	16%	6.1
45	コソボ	29%	65%	6%	6.2
46	ポーランド	28%	61%	10%	7.1
47	スロベニア	28%	58%	13%	7
48	ドミニカ共和国	28%	53%	19%	6.8
49	パキスタン	27%	50%	23%	6.2
50	ホンジュラス	26%	59%	14%	7.7
51	ベラルーシ	26%	63%	11%	7
52	マレーシア	25%	69%	6%	7.7
53	日本	25%	65%	11%	7.4
54	ボツワナ	24%	65%	11%	7.3

順位	国名	うまくいっている	葛藤している	苦しんでいる	日々の幸福度
55	韓国	24%	61%	15%	6.5
56	キューバ	24%	66%	11%	6.7
57	ペルー	23%	56%	20%	6.9
58	レバノン	23%	60%	17%	5.8
59	エクアドル	22%	62%	15%	7.6
60	タイ	22%	72%	6%	7.8
61	アルジェリア	22%	71%	7%	6.2
62	ポルトガル	22%	61%	17%	7.1
63	台湾	22%	64%	14%	7.5
64	ニカラグア	21%	56%	23%	7.4
65	ルーマニア	21%	56%	23%	6.6
66	南アフリカ	21%	71%	8%	7.3
67	ボリビア	21%	69%	10%	6.9
68	スロバキア	21%	60%	19%	6.5
69	アゼルバイジャン	21%	65%	14%	6.4
70	エストニア	20%	64%	16%	7
71	ウズベキスタン	20%	74%	5%	7.6
72	ウクライナ	20%	58%	22%	6.7
73	イラン	19%	66%	14%	6.3
74	タジキスタン	19%	74%	7%	6.6
75	インド	19%	74%	7%	6.5
76	インドネシア	18%	72%	10%	8.2
77	トルコ	18%	62%	20%	6.1
78	ラトビア	18%	62%	20%	7
79	ベトナム	17%	77%	5%	7.2
80	チュニジア	17%	77%	6%	6.8
81	エルサルバドル	16%	56%	28%	7.8

順位	国名	うまくいっている	葛藤している	苦しんでいる	日々の幸福度
82	ガーナ	16%	79%	5%	7.6
83	エジプト	16%	71%	14%	6.4
84	バングラデシュ	16%	71%	13%	6.9
85	香港	15%	71%	14%	6.8
86	ナイジェリア	14%	83%	3%	7.2
87	カメルーン	14%	77%	9%	7
88	マラウイ	14%	79%	7%	7.5
89	ザンビア	14%	78%	8%	7.6
90	ハンガリー	13%	53%	34%	6.9
91	中国	13%	77%	10%	7.8
92	フィリピン	13%	70%	18%	6.7
93	中央アフリカ共和国	12%	75%	13%	6.4
94	アルメニア	12%	74%	14%	6.2
95	スーダン	12%	78%	10%	7.1
96	キルギスタン	12%	75%	14%	7.3
97	ナミビア	11%	79%	10%	8.1
98	パレスチナ	11%	68%	21%	5.5
99	アンゴラ	11%	81%	8%	6.8
100	モロッコ	11%	82%	8%	7.7
101	モザンビーク	10%	78%	11%	7.2
102	スリランカ	10%	76%	15%	7.1
103	グルジア	10%	56%	35%	6.2
104	ケニア	9%	78%	13%	7.5
105	ルワンダ	8%	77%	15%	6.9
106	ギニア	8%	89%	3%	7.1
107	モンゴル	7%	81%	12%	7
108	セネガル	7%	87%	6%	7.2

順位	国名	うまくいっている	葛藤している	苦しんでいる	日々の幸福度
109	ネパール	7%	82%	11%	7.4
110	マダガスカル	7%	84%	10%	7
111	ウガンダ	6%	71%	23%	6.8
112	タンザニア	6%	70%	24%	7.5
113	ブルガリア	6%	58%	36%	6.5
114	エチオピア	5%	65%	29%	7
115	チャド	5%	88%	7%	7.1
116	リベリア	5%	90%	5%	6.7
117	アフガニスタン	5%	68%	27%	6.1
118	コンゴ(キンシャサ)	5%	83%	12%	6.8
119	モーリタニア	5%	82%	13%	7.3
120	ハイチ	4%	60%	35%	6.2
121	カンボジア	4%	79%	17%	6.5
122	ベナン	4%	80%	16%	6.7
123	ニジェール	4%	82%	14%	7.5
124	イラク	3%	74%	23%	5.9
125	ジンバブエ	3%	56%	40%	6.7
126	ブルキナ＝ファソ	3%	71%	26%	6.5
127	マリ	3%	70%	28%	8
128	シエラレオネ	3%	74%	23%	6.3
129	ブルンジ	2%	63%	35%	6.3
130	トーゴ	1%	67%	31%	5

この調査は、Cantril Self-Anchoring Striving Scale（カントリル氏による自己の状況を測るスケール）と呼ばれる調査方法によって、調査対象者の自己評価をもとに集計しています。

表の右端には「日々の幸福度（平均値：0～10点）」が入っています。この平均値は、日々の経験（よく休めたと感じる、敬意をもって接してもらう、微笑んだり笑ったりする、学んだり関心をもつ、楽しみ、肉体的苦痛、心配事、悲しみ、ストレス、怒り）などを測定するための10の観点からの質問に答えることで算出されます。

本調査は現在も150カ国以上を対象に実施されており、この数は世界の成人人口の98％強に相当します。調査対象者は無作為抽出されます。

通常は１か国当たり1000人を対象に、その国の主要言語に翻訳した質問によって調査を行います。地域によっては、補足的な質問が追加されることもあります。対面インタビューにおよそ１時間、電話インタビューに約30分を要します。多くの国では年一回の調査が実施され、通常２～４週間の期間で終了します。

許容誤差の最大範囲を国レベルのデータごとに概算すると、信頼水準は95％と推測されます。調査の妥当性に影響を与える要因としては、翻訳など質問内容による測定誤差や、調査対象者候補を確保できないなどの要因から起こる誤差、さらには、調査対象国が独裁政権であるため率直な回答が難しく、結果的に高いスコアをつけざるを得なかった、といった可能性が考えられます。

参考文献、資料

本書で引用したギャラップ社やその他の調査の詳細については、以下を参照してください。

章ごとに、本書で引用した順で表記しています。明朝書体は、その資料を基に書かれている本文です。一部の参考文献・資料には補足情報を追加しています。

はじめに

6 ギャラップ社は、1950年代から〝元気で充実した人生を生きるために何ができるか〟というテーマに取り組み、現在まで探究し続けてきました。
Gallup, G., & Hill, E. (1960). *The secrets of a long life.* New York: Bernard Geis.

6 「日々の過ごし方」と、その積み重ねとして「人生全体をどのように評価しているのか」についてデータを取って比較しています。
ギャラップ社は各国で無作為に抽出した1000人以上（合計15万人以上）を対象にインタビューを行いました。質問項目には、衣食住など基本的なニーズに関するものから、自分の強みに合った仕事に従事しているか、コミュニティ活動への取り組みなど、より高いレベルのニーズに関する項目を含んでいます。世界各国でデータの比較ができるよう、すべて統一した手法と質問項目を用いました。

7 アセスメントの有効性を検証するための調査を世界中の国々で行いました。
農業従事者、都市住民、フルタイムで仕事をする人、退職者、学生、健康状態がよい人・よくない人、さまざまな収入レベルの人、既婚者・離婚者・離別者などを対象にしています。

8 「仕事の幸福」
通常仕事というと生計を立てるための職業を指しますが、本書では伝統的な職業の概念を超え、学生や退職者、専業主婦（主夫）なども含んでいます。

8 「人間関係の幸福」
厳密に検証するため、十分な数の既婚者、別居中の人、離婚経験者、配偶

者と死別した人、未婚者、パートナーと同居している人にインタビューを行いました。

8 「経済的な幸福」
収入のカテゴリー分け（平均以下・平均・高収入）を正確に行えるよう、さまざまな収入の集団に対して質問項目のテストを実施しました。

8 「身体的な幸福」
世界各国の異なる健康状態の人に適用できる質問を見つけ出すため、若者や高齢者、健康な人や不健康な人の研究を行いました。

9 「地域社会の幸福」
質問項目が都市の中心部と人里離れた農場、そのどちらに住む人にも適用できるかどうかを確認するため、両方の居住者を対象にしました。

13 大人になっても子どものときと変わらず、健康的に長生きしたいと願う自分より、目の前の欲望を満たそうとする自分が勝ち、脂肪分たっぷりのデザートを食べてしまいます。
Schelling, T.C. (1978). Egonomics, or the art of self-management. *The American Economic Review, 68* (2), 290-294

13 この質問のあと「もし今、目の前に山盛りのキャンディを差し出されて『どうぞ』と言われたら、あなたはそのキャンディを食べますか？」と質問すると、70％以上の方が「食べると思う」と認めました。
ギャラップ社はこの調査のため、2009年８月に23449人にインタビューを実施しました。

15 たった20分間の運動をしただけで、運動後12時間は前向きないい気分が続くという事実を思い出してみたらどうでしょう。（中略）思いなおして、運動を選ぶ可能性を高められます。
Sibold, J.S., & Berg, K. (2009, May 29). Mood enhancement persists for up to 12 hours following aerobic exercise. Poster session presented at the annual meeting of the American College of Sports Medicine, Seattle, WA.

16 幸福の５つの要素それぞれで成功している人たちのインタビューを紹介します。
調査対象者の個人情報保護のため、実名は使用していません。

1章　仕事の幸福とは？

24　この質問に「はい」と即答できる人は、全体のたった20％しかいません。
ギャラップ社はこの調査のため、2307人にインタビューを実施しました。さらに世界規模の調査で10598人にインタビューを行いました。「今の仕事が好きですか？」の質問に対し、19％が非常に強く「はい」と答えました。

25　仕事の幸福度が高い人は、そうでない人に比べて「自分はすばらしい人生を送っている」と思う割合が２倍も高いということがわかりました。
ギャラップ社はこの調査のため、14366人にインタビューを実施しました。その際、性別や年齢、収入や学歴は調整しました。

26－28　この研究は、人生の大きな出来事、たとえば結婚や離婚、子どもの誕生、短期の失業、長期の失業、配偶者の死など、さまざまな出来事が長期にわたって人生の満足度にどのような影響を与えるか、ということについて13万人の被験者を数十年間にわたって追跡調査したものでした。
Clark, A.E., Diener, E., Georgellis, Y., & Lucas, R.E. (2008). Lags and leads in life satisfaction: A test of the baseline hypothesis. *The Economic Journal, 118*(529), F222-F243.
この文献から引用した表は男女混合のデータです。本文にも記したように、長期にわたる失業状態は女性よりも男性に大きな影響を与えます。

31　この実験中、協力者にはポケベルを携帯してもらいました。そして、１日のさまざまなタイミングでポケベルを鳴らして、そのときにだれと一緒にいて何をしているのか、今どんな気分なのか、といった質問をしました。
Stone, A., & Harter, J.K. (2009). *The experience of work*: A momentary perspective. Ohama, NE: Gallup.

34　仕事の幸福度が高い人が、仕事中も休日も同じくらい楽しんでいるのとは対照的です。
この調査は、アーサー・ストーン博士、ライハン・リヒター＝ケリー博士、ジョシュア・スミス博士の監修の下、ストーニーブルック大学とシラキュース大学にて実施されました。木曜日、金曜日、土曜日の３日間、好きな時間に６回（ただし午前、午後、夜に２回ずつ）唾液を採取してもらいました。日常的な生活のパターンでは、午前中のコルチゾール値が最も高く、自分で

時間をコントロールするに従ってコルチゾール値はストレスや幸福感、興味関心と非常に強い関係があることが判明しました。非常に高いストレスを感じ、幸福度や興味関心の度合いが低い時ほど、コルチゾール値は高い数値を示しました。
働く人の熱意は、ギャラップ社の“Q12”と呼ばれる12の質問を用いて測定を行いました。調査の結果、仕事への熱意の高い人に比べ、熱意の低い人の平日朝のコルチゾール値は非常に高いことが明らかになりました。土曜日の朝に関しては、仕事への熱意のちがいによるコルチゾール値の差は見られませんでした。

36 すばらしい週末と苦役の平日——この大きなギャップが「なぜ心臓発作が月曜日に起こる割合が高いのか」を説明してくれます。
Witte, D.R., Grobbee, D.E., Bots, M.L., & Hoes, A.W. (2005). A meta-analysis of excess cardiac mortality on Monday. *European Journal of Epidemiology, 20* (5), 401-406.

下記の表はアメリカ国内で実施した日々の幸福感の追跡調査結果をまとめたものです。平日に比べて週末や休暇は、ほとんどの人が“気分がより良い”と感じています。

日々の気分の違い(アメリカ国内)

	過度なストレスや心配事がなく、幸福感や楽しさを感じた	ほとんど幸福感や楽しさがなく、ストレスや心配事を感じた	幸福感とストレスの比率
平日(休暇は除く)	44%	12%	4:1
週末や休暇	56%	9%	6:1

出典:ギャラップーハザウェイ社幸福感指標調査

37－38 「仕事に熱意を感じられない人」は、日曜日が終わり月曜日を迎えるときには、まるで戦場に向かうようなストレスを感じているのです。
コルチゾール値の高い状態が続くと、長期的に身体に大きなダメージを与えます。高コルチゾール値には、血圧の上昇や免疫力の低下、回復力の減退、甲状腺機能の低下、血糖値の異常、骨密度や思考力の低下などを引き起こす可能性があります。特に「仕事に熱意を感じられない人」が、平日ずっとストレスレベルが高い状態が続いていることは、病気になりやすい環境にあると言えます。

Steptoe, A., Wardle, J., & Marmot, M. (2005). Positive affect and health-related neuroendocrine, cardiovascular, and inflammatory processes. *PNAS, 102*(18), 6508-6512.

Schlotz, W., Hellhammer, J., Schulz, P., & Stone, A.A. (2004). Perceived work overload and chronic worrying predict weekend-weekday differences in cortisol awakening response. *Psychosomatic Medicine, 66* (2), 207-214.

Ebrecht, M., Hextall, J., Kirtley, L.G., Taylor, A., Dyson, M., & Weinman, J. (2004). Perceived stress and cortisol levels predict speed of wound healing in healthy adult males. *Psychoneuroendocrinology, 29* (6), 798-809.

38 仕事の幸福度が高い人は、うつ病のリスクは低いのでしょうか。
Agrawal, S., & Harter, J.K. (2009). Engagement at work predicts change in depression and anxiety status in the next year. Ohama, NE: Gallup.

38 翌年「過去１年間にうつ病と診断されましたか？」と質問したところ、協力者全体の５％が新たにうつ病と診断されていました。
ギャラップ社はこの調査のため、9561人にインタビューを実施しました。

38－39 より細かく見ていくと〝仕事に熱意を持てない〟人は〝仕事に熱意を持っている〟人に比べ、約２倍の比率でうつ病と診断されていました。
この調査ではフルタイムで働く人とパートタイムで働く人、合計7993人にインタビューを行いました。うつ病と一度も診断されたことがなく、2008年から2009年の間に病気で苦しんだ経験がない人を対象としました。2009年３月現在、新たにうつ病と診断されたケースが483件ありました。そこで、従業員の仕事への熱意の2008年分の予測が、2009年のうつ病の件数（新たな診断数）にどのように影響を与えるかを調査しました。

翌年うつ病と診断される確率	
仕事に熱意を持っている人	4.6%
仕事についていない人	6.0%
仕事に熱意を持てない人	8.8%

39 仕事に対する熱意の変化と、血中のコレステロールとトリセルグリド（血清

脂質の一種）レベルの関係を、6カ月ごとにチェックしながら2年間にわたって追跡調査した研究もあります。

この調査のため、2年間にわたり331名の会社員の追跡調査を実施しました。

Harter, J.K., Canedy, J., & Stone, A. (2008). *A longitudinal study of engagement at work and physiologic indicators of health*. Presented at the 2008 Work, Stress, and Health Conference, Washington, D.C.

40 この調査は生活時間調査と呼ばれ、人が「自由な時間に何をするか」「だれと過ごすか」「1日を通してどんな気持ちでいるか」などについて詳細に調べるものです。

Kahneman, D., Krueger, A.B., Schkade, D., Schwarz, N., & Stone, A. (2004). Toward national well-being accounts. *The American Economic Review, 94*(２), 429-434.

Kahneman, D., Krueger, A.B., Schkade, D.A., Schwarz, N., & Stone, A.A. (2004). A survey method for characterizing daily life experience: The day reconstruction method. Science, 306, 1776-1780.

40 この調査によると、さまざまな時間の中で人が一番楽しくないと感じる時間は「自分の上司と一緒にいる時間」だということがわかりました。

Krueger, A.B., Kahneman, D., Schkade, D., Schwarz, N., & Stone, A.A. (2008). *National time accounting: The currency of life (Working Papers No. 1061)*. Princeton, NJ: Princeton University, Department of Economics, Industrial Relations Section.

41 スウェーデンで約3000人の就労者を対象に行われた調査では「自分の上司は無能だ」と思っている人は、そうでない人に比べて、深刻な心臓病のリスクが24%も高いという結果が出ました。

Nyberg, A., Alfredsson, L., Theorell, T., Westerlund, H., Vahtera, J., & Kivimaki, M. (2009). Managerial leadership and ischaemic heart disease among employees: The Swedish WOLF study. *Occupational and Environmental Medicine, 66*(1), 51-55.

42 マネジャーが「部下の強みに意識を向けている」人である場合、そのチームで職場に不満を持つ人の割合は全体の1％（＝100人に1人）まで下がりま

す。
Rath, T. (2007). *StrengthFinder 2.0.* New York: Gallup Press.

43－44 ある調査では、仕事をしている50代の約３分の２が「定年後も働き続けたいと思う」と回答しています。
MetLife Foundation/Civic Ventures. (2005, June). New Face of Work Survey. Retrieved September 1, 2009, from http://www.civicventures.org/publications/surveys/new_face_of_work/new_face_of_work.pdf

44 しかも驚くべきことに、彼らの93％は「仕事に非常に満足していた」、86％は「仕事がとても楽しかった」と答えていたのです。
Public Opinion Surveys, Inc. (1959). *Who lives to be 95 and older?: A study of 402 Americans 95 years of age and over.* Princeton, NJ.

44－45 自分の弱みや失敗に意識を向けるよりも、うまくいっていること、自分の強みに目を向けて日々を送る方が、人は多くのことを学び成長できます。
Dye, D. (2009, August 26). *We learn more from success, not failure.* Retrieved December 18, 2009, from ABC News Web site: http://abcnews.go.com/Technology/DyeHard/story?id=8319006

45 自分の強みを活かして仕事をしている人は、弱みに意識を向けて仕事をしている人に比べて、仕事に熱意を感じて楽しんでいる割合は６倍、人生を心から楽しんでいる割合は３倍という結果が出ています。
Rath, T. (2007). *StrengthFinder 2.0.* New York: Gallup Press.

45 自分の強みを活かして仕事をしている人は、週40時間の業務時間を楽しんでいます。一方、自分の強みを活かせずに仕事をしている人は、週20時間までは元気に働けますが、20時間を超えたあとは、働けば働くほど疲れてしまいます。
無作為に抽出した世界中の調査対象者に、前日何時間働いたかを質問しました。また、前日１日の間で経験したことや感情についてもさまざまな観点から質問しました。仕事の幸福度が低く、自分の強みを仕事に活かしていない人たちは、働き始めて４時間後には急速にエネルギーが低下していました。これは週20時間労働に相当します。

仕事の幸福度が高く、自分の強みを活かし働いていた人たちは、少なくとも１日８時間（週40時間に相当）働くことができます。人によっては１日13時間エネルギーの低下を感じることなく仕事をしていました。純粋に労

働時間だけを比較すると、「仕事の幸福」は人生の質全体の捉え方に３倍影響していることが判明しました。
Harter, J.K., & Arora, R. (2009). The impact of time spent working and job fit on well-being around the world. In E. Diener, D. Kahneman, & J. Helliwell. (Eds.), *International Differences in Well-Being* (pp.389-426). Oxford, UK: Oxford University Press.

45 もちろん、自分が大好きな仕事をしている人であっても、仕事でイライラしたり疲れ果てたりすることがないわけではありません。
この傾向は仕事の幸福度が高い人にも見受けられます。しかし、８時間以上働いても上昇し続ける感情が仕事の幸福度が高い人に１つだけありました。それはプライドでした。

２章　人間関係の幸福とは？

50 人の気分や感情は、周囲の人とたがいにシンクロしているのです。
Ekman, P. (2003). *Emotions revealed: Recognizing faces and feelings to improve communication and emotional life.* New York: Henry Holt and Company, LLC.

51 ハーバード大学が１万2000人以上を対象に、30年以上にわたって追跡した研究によると、日々接している家族や友人が幸せを感じていると、幸せを感じる可能性が15％高まるという研究結果が出ています。
Fowler, J.H., & Christakis, N.A. (2008). Dynamic spread of happiness in a large social network: Longitudinal analysis over 20 years in the Framingham heart study. *BMJ, 337,* a2338+.

52 ハーバード大学の研究では、年収が１万ドル（約80万～100万円）増えても幸福度は２％しか増えないことがわかりました。
Christakis, N.A. & Fowler, J.H. (2009). Connected: The surprising power of our social networks and how they shape our lives. New York: Little, Brown and Company.

52 「意識するしないにかかわらず、人は周囲の人々との関係に深く組み込まれています。１人の健康と幸福は、周囲の人の健康と幸福に影響します。つまり、１人の幸福は、個々人の中で完結するものではなく、人類全体の幸福につながる、ということです」

Fowler, J.H., & Christakis, N.A. (2008). Dynamic spread of happiness in a large social network: Longitudinal analysis over 20 years in the Framingham heart study. *BMJ, 337,* a2338+.

53　この結果を見ると、ここ20～30年間で喫煙者が半減した理由には、仲間からのプレッシャー（中略）が大きく影響していることも理解できるでしょう。
Christakis, N.A. & Fowler, J.H. (2009). *Connected: The surprising power of our social networks and how they shape our lives.* New York: Little, Brown and Company.

53 実際のところ、ハーバード大学の研究が行われていた1971年から2000年の間に、この〝ネットワークの影響力〟で喫煙者は禁煙へと徐々に追い込まれています。
Christakis, N.A. & Fowler, J.H. (2008). The collective dynamics of smoking in a large social network. *New England Journal of Medicine, 358*(21), 2249-2258.

54 あなたの配偶者が肥満になった場合は、37％の確率であなたも肥満となります
Christakis, N.A. & Fowler, J.H. (2007). The spread of obesity in a large social network over 32 years. *The New England Journal of Medicine, 357*(4), 370-379.

54 あなたの親友が健康的な食生活を送っている人だとしたら、あなたを含め周りの友人たちも健康的な食生活を送る確率が５倍以上になることもわかっています。
Rath, T. (2006). *Vital friends: The people you can't afford to live without.* New York: Gallup Press.

56 つらい思いをしているときでも、友人はそれを和らげてくれます。その結果、心臓や血管の機能は高まり、ストレスが緩和されます。
DukeMed News. (2004, April 13). *Isolated heart patients have twice the risk of dying, present challenges to health care workers.* Retrieved August 19, 2005, from http://www.emaxhealth.com/39/176.html

56－57 人間関係の結びつきがほとんどない人は心臓疾患で死亡するリスクが２倍近くに上昇します。人込みに出ないので、病原菌に接触する機会も少ない

のにもかかわらず、風邪を引く確率も2倍になってしまいます。

Rath, T. (2006). *Vital friends: The people you can't afford to live without. New York: Gallup Press.*

Cohen, S., Doyle, W.J., Turner, R., Alper, C.M., & Skoner, D.P. (2003). Sociability and susceptibility to the common cold. *Psychological Science, 14* (5), 389-395.

57 〝最も身近な人との人間関係が健康にどのような影響を及ぼすのか〟を調べるために、ある研究グループが、怪我が完治するまでにかかる時間がストレスレベルによってどれくらい異なるかを測る実験をしました。

Kiecolt-Glaser, J.K., Loving, T.J., Stowell, J.R., Malarkey, W.B., Lemeshow, S., Dickinson, S.L., et al. (2005). Hostile marital interactions, proinflammatory cytokine production, and wound healing. *Archives of General Psychiatry, 62* (12), 1377-1384.

57 人間関係と健康状態の関係についての研究が進むにつれて、人が何らかのダメージから回復する際に（中略）「人間関係の幸福」が、大きな影響力を持っていることが明らかになってきました。

Boden-Albala, B., Litwak, E., Elkind, M.S.V., & Sacco, R.L. (2005). Social isolation and outcomes post stroke. *Neurology, 64* (11), 1888-1892.

59 人が活き活きとした1日を過ごすためには、だれか他の人と一緒に過ごす時間が6時間必要です

ギャラップ—ハザウェイ社の調査で、14万人のアメリカ人に日々の感情について聞き取りを行いました。現在も実施されているこの調査では、対象者に前日は楽しかったとか、幸せを感じたとか、心配やストレスがあったかどうかを質問しています。同時に、家族や友人と前日一緒に過ごした時間数（電話やメールのやりとり等を含む）も確認しています。これにより人と接する時間数とその日の気分との比較調査を行っています。

Harter, J.K., & Arora, R. (2008, June 5). *Social time crucial to daily emotional well-being in U.S.* Retrieved September 23, 2009, from Gallup Web site: http://www.gallup.com/poll/107692/Social-Time-Crucial-Daily-Emotional-WellBeing.aspx

人と接する時間とその日の気分

1日の人と接する時間数	過度なストレスや心配事がなく、幸福感や楽しさを感じた	ほとんど幸福感や楽しさがなく、ストレスや心配事を感じた	幸福感とストレスの比率
0	32%	27%	1:1
0.1～1時間	35%	20%	2:1
1.1～2時間	40%	15%	3:1
2.1～3時間	44%	11%	4:1
3.1～4時間	49%	8%	6:1
4.1～5時間	51%	7%	7:1
5.1～6時間	54%	6%	9:1
6.1～7時間	54%	5%	11:1
7.1～8時間	56%	6%	9:1
8.1～9時間	56%	6%	9:1
9時間以上	56%	6%	9:1

出典：ギャラップーハザウェイ社幸福感指標調査

人と接する時間の増加に伴い、よい日だと感じる確率が上がります。ただし、6時間を超えるとそれ以上の大きな変化は見られません。

61 50歳以上の約１万5000人に対して行われたある調査では、人と関わる活動に積極的に参加している人は、１人で過ごす時間が多い人と比べて、記憶力の低下が半分以下になるという結果が出ています。
Ertel, K.A., Glymour, M.M., Berkman, L.F. (2008). Effects of social integration on preserving memory function in a nationally representative US elderly population. *American Public Health Association, 98* (7), 1215-1220.

62 ところが「最高の友人がいますか？」というハードルの高い質問では、生産性が高い職場の方が圧倒的に「はい」と答える比率が高かったのです。
訳者注：「最高の友人」という言葉のもとの英語は「a best friend」です。アメリカでも、ベストフレンドは１人だけ、つまり「the best friend」であって、「a best friend」という言葉はおかしいのではないか、という意見が多数よせられましたが、ギャラップ社はあくまでもこの言葉にこだわっています。日本語に翻訳する際にも、「親友」ではなく「最高の友人」でなければいけない、と妥協せず調査を実施しています。

64 職場のだれかと会話を交わすなど、ほんの少し人間関係が強まる行動で生産性は大きく向上することもわかりました。
Economist.com. (2008, August 20). Technology Monitor. *Every move you make.* Retrieved September 22, 2009, from www.economist.com/science/tm/displaystory.cfm?story_id=11957553

65 夫婦関係がこじれていると健康状態が悪化し老化が加速する、という研究結果も発表されています。
１,000組以上の夫婦を対象に８年間の調査を実施しました。
Umberson, D., Williams, K., Powers, D.A., Liu, H., Needham, B. (2006). You make me sick: Marital quality and health over the life course. *Journal of Health and Social Behavior, 47* (1), 1 -16.

65 親友が３、４人以上いる人は、親友が１人もいない人と比べて、健康状態や幸福度、仕事へ熱意とコミットメントがより高いことが明らかになっています。
Rath, T. (2006). *Vital friends: The people you can't afford to live without. New York: Gallup Press.*

66 ハーバード大学の研究では「日々の生活に幸せを感じている友人が１人増えるごとに、幸せになる可能性は約９％ずつ高まる。反対に、日々の生活が不幸だと感じている友人が１人増えるごとに、幸せでいられる可能性は７％ずつ低下する」と報告されています。
Christakis, N.A. & Fowler, J.H. (2009). *Connected: The surprising power of our social networks and how they shape our lives.* New York: Little, Brown and Company.

第3章　経済的な幸福とは？

73 経済的に裕福な国は、より多くの幸せに満ちています。

Deaton, A. (2008). Income, health, and well-being around the world: Evidence from the Gallup World Poll. *Journal of Economic Perspectives, 22,* 2.

スティーブンソンとウォルファーの研究結果の報告では、年収が2倍になるごとに10点満点中0.84点が全体的な幸福度に加算されることが明らかになっています。「豊かな国では主観的な幸福度がそれ以上上がらないという“飽和点”が存在することを証明するものはない」と2人は結論付けています。さらに両氏は、ほとんどの国において個人の収入と幸福度が直接的に関係していること、経済的な発展と幸福度には明らかな関係性があることも述べています。以上のことから、収入の高さは幸福度を引き上げる可能性があることは明らかです。

また、幸福度と収入の関係について異なる観点からの結果を示す研究もあります。その研究によると、収入と人生全体の評価（人生の自己評価）の相関性に比べて、収入と日々の経験、経験からの影響との相関性は高くないことが明らかになっています。収入は、日々の過ごし方や感情との関係性よりは、人生全体の評価とより強い関係が見られます。

Stevenson, B., & Wolfers, J. (2008 September). *Economic growth and subjective well-being: Reassessing the Easterlin paradox.* CESifo Working Paper No. 2394, CESifo Group.

Diener, E., Kahneman, D., Arora, R., Harter, J., & Tov, W. (2009). Income's differential influence on judgments of life versus affective well-being. In A.C. Michalos (Ed.), *Social indicators research series: vol.39. Assessing well-being: The collected works of Ed Diener* (pp.233-246). London, UK: Springer.

74 実際、アフリカ諸国では、調査対象の56％が、過去1年間に「家族が飢えた時期があった」と答えています。

「家族が飢えた時期があった」数値は、アメリカ大陸では16％、アジアでは9％です。ヨーロッパではたった3％が「食料がない時期があった」と回答しています。

76 ハーバード大学の研究グループが、自分のためにお金を使ったときと、だれか他の人のためにお金を使ったときに感じる幸せ感のちがいを調査しています。

Dunn, E.W., Aknin, L.B., & Norton, M.I. (2008). Spending money on others promotes happiness. *Science, 319*(5870), 1687-1688.

79 悲しい気持ちになった人がつけた値段は、そうでない人よりも約4倍も高くなりました。しかも、気持ちが最悪であればあるほど、高い値段をつけることもわかりました。
Sadness may encourage more extravagance. (2008, February 8). *The New York Times.* Retrieved September 4, 2009, from http://www.nytimes.com

80 物を購入した場合、買った当初のうれしい気分や満足感は時間とともに徐々に色あせてしまいます
Carter, T.J., & Gilovich, T. (2010). The relative relativity of material and experiential purchases. *Journal of Personality and Social Psychology, 98* (1), 146-159

81 外食や映画に出かけるなど、ちょっとした体験の購入でさえ、幸福度を高めてくれます。
Van Boven, L., & Gilovich, T. (2003). To do or to have? That is the question. *Journal of Personality and Social Psychology, 85* (6), 1193-1202

81 人と関わることで「人間関係の幸福」が満たされる上に、それが時間を経ても色あせることがありません。ですから「物より思い出」にお金を使うことは利にかなっているのです。
Carter, T.J., & Gilovich, T. (2010). The relative relativity of material and experiential purchases. *Journal of Personality and Social Psychology, 98* (1), 146-159

82 年収別に見ると、年収が2万5000ドル（約200～250万円）未満の人は、物にお金を使っても経験にお金を使っても、幸福度にさほど変わりはありません。
Van Boven, L., & Gilovich, T. (2003). To do or to have? That is the question. *Journal of Personality and Social Psychology, 85* (6), 1193-1202

84 実際には約半数の人たちがAの年収5万ドルを選びました。
Solnick, S.J., & Hemenway, D. (1998). Is more always better?: A survey on positional concerns. *Journal of Economic Behavior & Organization, 37* (3), 373-383.

88 つまり、将来50ドルを得る喜びよりも、今持っている50ドルを失う痛みを大きく感じる生物なのです。

Thaler, R.H. (1999). Mental accounting matters. *Journal of Behavioral Decision Making, 12* (3), 183-206.

89 シカゴ大学の経済学者リチャード・セイラーが言うように、クレジットカードには、買い物に伴う〝手に入れる喜び〟と〝支払いの痛み〟を切り離す働きがあるのです。

Thaler, R.H. (1999). Mental accounting matters. *Journal of Behavioral Decision Making, 12* (3), 183-206.

90 調査によると、会社側がはっきり要望しない限り、多くの従業員は退職金積立制度に加入しません。しかし、従業員が自動的に制度に加入することが〝初期設定〟（中略）となっている会社では、80％以上の従業員が退職金プランに加入したそうです。

企業は従業員の将来の生活設計の安定化のため、退職金の積立制度に自動的に加入する方針に急速に移行しています。2003年にはその制度（401K）の８％のみが自動加入でしたが、2007年には36％に増加し、大企業においては51％の割合で自動加入が進んでいます（5000人以上の対象従業員が自動加入しています）。

Nessmith, W.E., Utkus, S.P., & Young J.A. (2007, December). *Measuring the effectiveness of automatic enrollment.* Retrieved September 22, 2009, from the Vanguard Center for Retirement Research Web site: http://institutional.vanguard.com/VGApp/iip/site/institutional/researchcommentary/article?File=EffectivenessAutoEnrollment

退職金積立制度加入者の割合

	全従業員	年収3万ドル以下の場合
自動加入なし	45%	25%
自動加入有り	86%	77%

出典：Nessmith, et al., *Measuring the Effectiveness of Automatic Enrollment*, December 2007.

Orszag, P. (2008, August 7). *Behavioral economics: Lessons from retirement research for health care and beyond.* Presentation at the Retirement Research Consortium. Retrieved September 22, 2009, from http://www.cbo.gov/ftpdocs/96xx/doc9673/Presentation_RRC. 1 . 1 .shtml

訳者注：日本では退職金プランは会社が用意することが一般的ですが、自助努力を基本とするアメリカでは従業員が加入するかどうかを選択することが一般的です。加入を選択した場合のみ、企業はインセンティブとして上乗せ拠出します。従業員は自分で運用先や運用方法を選び、転職する際には自分のプランをそのまま持っていけます。この仕組みでは、毎回給料から拠出金分の金額が天引きされる〝今の痛み〟をきらって、長期的メリットが多い退職金積立を選択しない人が多く出てきてしまいます。

93 そこで、インタビューに協力してくれた人の所得レベルと経済的な幸福度を高めるカギとなる要因について詳しく分析しました。
これまでギャラップ社の世界的調査の結果から、収入が幸福度に重要な役割を果たすこと、しかし収入だけでは十分でないことはすでに把握していました。そこで今回は、年収とお金についての心配や経済的安心感の関係性を調べるため、回帰分析を実施しました。

４章　身体的な幸福とは？

102 最新の医学領域での調査では、肉や乳製品など飽和脂肪が多く含まれた食事は、１食でも体と脳に十分な血液を運ぶ動脈の働きを低下させることが報告されています。
Murray, A.J., Knight, N.S., Cochlin, L.E., McAleese, S., Deacon, R.M.J., Rawlins, N.P., et al. (2009). Deterioration of physical performance and cognitive function in rats with short-term high-fat feeding [Electronic version]. *The FASEB Journal, 23,* １-８.

102 ニューヨーク大学のジェラルド・ワイズマン医学博士は、このような体の衰えや思考力の低下につながる状態を〝高脂肪の二日酔い〟と呼んでいます。
'High-fat hangover' : Eating fatty foods lowers memory function in brains, bodies. (2009, August 14). *Daily News.* Retrieved December 29, 2009, from http://www.nydailynews.com

Murray, A.J., Knight, N.S., Cochlin, L.E., McAleese, S., Deacon, R.M.J., Rawlins, N.P., et al. (2009). Deterioration of physical performance and cognitive function in rats with short-term high-fat feeding [Electronic version]. *The FASEB Journal, 23,* １-８.

Nicolls, S.J., Lundman, P., Harmer, J.A., Cutri, B., Griffiths, K.A., Rye, K., et al. (2006). Consumption of saturated fat impairs the anti-inflammatory properties of high-density lipoprotains and endothelial function. *Journal of the American College of Cardiology, 48* (4), 715-720.

Winocur, G., & Greenwood, C.E. (2005). Studies of the effects of high fat diets on cognitive function in a rat model. *Neurobiology of Aging, 26* (1), 46-49.

103 フライドチキンやフライドポテトなどの揚げ物は、心臓発作を起こすリスクを30%高くする、と知っていたとしても、それは遠い将来のこと。

Iqbal, R., Anand S., Ounpuu, S., Islam, S., Zhang, X., Rangarajan, S., et al. (2008). Dietary patterns and the risk of acute myocardial infarction in 52 countries: Results of the INTERHEART study. *Circulation, 118*(19), 1929-1937.

106 遺伝子の発現と食べ物の関係の研究によると、前立腺ガンになりやすい遺伝子を持つ男性の場合、週に一度ブロッコリーを少量食べるだけで、この遺伝子の活性化を大幅に抑制できることがわかっています。

この調査より、１週間にほんの少しアブラナ科の野菜（たとえばブロッコリーやカリフラワー）を食べることで、細胞に情報を送るシグナル経路に変化が起こり、結果として遺伝子の発現にかなり影響を与えることがわかりました。遺伝子の発現を起こす細胞核への情報伝達がこのシグナル経路を通って行われるからです。

Traka, M., Gasper, A.V., Melchini, A., Bacon J.R., Needs, P.W., Frost V., et al. (2008). Broccoli consumption interacts with GSTM 1 to perturb oncogenic signalling pathways in the prostate [Electronic version]. *PLoS ONE,* 3 (7), e2568, 1 -14.

107 まだ動物実験の段階ではありますが、このような後天的な変化は、本人だけでなく直系の子孫数世代にわたって続く可能性があることもわかってきました。

Jablonka, E., & Raz, G. (2009). Transgenerational epigenetic inheritance: Prevalence, mechanisms, and implications for the study of heredity and evolution. *The Quarterly Review of Biology, 84* (2), 131-176.

107－108 ６万人の女性を対象に行われた食事と疾病に関する調査では、鮭などの脂肪分の多い魚を週に１、２回食べると腎臓ガンの発症リスクが74％低下することが明らかになりました。

Wolk, A., Larsson, S.C., Johansson, J., & Ekman, P. (2006). Long-term fatty fish consumption and renal cell carcinoma incidence in women. *Journal of the American Medical Association, 296*(11), 1371-1376.

108 オメガ３脂肪酸は人の体内では合成できず、食物から摂ることが必要な必須脂肪酸で、ガンや心臓病、アルツハイマー病などの認知症、その他さまざまな病気の予防に効果があることが判明してきています。

El-Mesery, M.E., Al-Gayyar, M.M., Salem, H.A., Darweish, M.D., & El-Mowafy, A.M. (2009 April 2). Chemopreventive and renal protective effect for docosahexaenoic acid (DHA): Implications of CRP and lipid peroxides. *Cell Division, 4* (6). Retrieved December 20, 2009, from http://www.celldiv.com/content/pdf/1747-1028-4-6.pdf

Freund-Levi, Y., Eriksdotter-Jonhagen, M., Cederholm, T., Basun, H., Faxen-Irving, G., Garlind, A., et al. (2006). w-3 fatty acid treatment in 174 patients with mild to moderate Alzheimer disease: OmegAD study. *Archives of Neurology, 63,* 1402-1408.

Mayo Clinic. (2007). The power of 3. *Mayo Clinic Health Letter, 25* (8), 6.

108 うつ症状や衝動性の緩和に効果があることも明らかになってきています。

Conklin, S.M., Manuck, S.B., Yao, J.K., Flory, J.D., Hibbeln, J.R., & Muldoon, M.F. (2007). High omega-6 and low omega-3 fatty acids are associated with depressive symptoms and neuroticism. *Psychosomatic Medicine, 69* (9), 932-934.

108－109 2009年に行われたオメガ６脂肪酸とオメガ３脂肪酸の摂取比率研究で、私たちの祖先が食べていたような食事（中略）がどのような生理的な変化をもたらすのかを調べるために、健康な人たちに、当時とよく似た食事を食べ続けてもらいました。

Weaver, K.L., Ivester, P., Seeds, M., Case, L.D., Arm, J.P., & Chilton, F.H. (2009). Effect of dietary fatty acids on inflammatory gene expression in healthy humans. *The Journal of Biological Chemistry, 284*(23), 15400-15407

最新の調査によると、低脂肪で炭水化物が少なく、最小限の肉しか取らない食生活が長く健康でいるための最良の方法です。低炭水化物で赤身の肉をたくさん食べる食生活は、体重を落とすことは可能でも、LDLや悪性のコレステロールを引き上げる皮肉な結果をもたらします。動物の肉（特に筋肉部分）は飽和脂肪やコレステロールを多く含んでおり、それが悪性のコレステロール値を引き上げる原因となっている可能性が最新の研究で報告されています。

Jenkins, D.J.A., Wong, J.M.W., Kendall, C.W.C, Esfahani, A., Ng, V.W.Y., Leong, T.C.K., et al. (2009). The effect of a plant-based low-carbohydrate ("Eco-Atkins") diet on body weight and blood lipid concentrations in hyperlipidemic subjects. *Archives of Internal Medicine, 169*(11), 1046-1054.

109 その結果、わずか５週間で自己免疫反応やアレルギー反応などを起こす伝達遺伝子が著しく減少することがわかりました。
食事の選び方によって、賢くなったり、ガンの危険性を軽減できる可能性があります。カナダで5000人以上の学生を対象に行った調査によると、脂肪分のカロリー摂取量が少なく、フルーツや野菜をたくさん摂る生徒が基本的読み書きテストを受けた場合、落第の可能性は41％下がりました。これは対象生徒が社会的、経済的に恵まれない点も考慮に入れての調査結果です。

Florence, M.D., Asbridge, M., & Veugelers, P.J. (2008). Diet quality and academic performance. *Journal of School Health, 78* (4), 209-215.

Ma, R.W-L., & Chapman, K. (2009). A systematic review of the effect of diet in prostate cancer prevention and treatment. *Journal of Human Nutrition and Dietetics, 22* (3), 187-199.

109 〝日々食べている物が空腹感を作り出している〟ということが明らかになってきています。
Kirchner, H., Gutierrez, J.A., Solenberg, P.J., Pfluger, P.T., Czyzyk, T.A., Willency, J.A., et al.(2009). GOAT links dietary lipids with the endocrine control of energy balance. *Nature Medicine, 15* (7), 741-745.

109－110 炭水化物と糖分がたくさん含まれた食事を摂ると食欲をコントロールする細胞がダメージを受けます。その結果、もう食べ物を摂る必要がなくなっていても脳に満腹信号が送られず、「もっと食べろ」というメッセージだけ

が送り続けられてしまうのです。
Andrews, Z.B., Liu, Z-W., Wallingford, N., Erion, D.M., Borok, E., Friedman, J.M., et al. (2008). UCP 2 mediates ghrelin's action on NPY/AgRP neurons by lowering free radicals. *Nature, 454*(7206), 846-851.

110 アボカド、ナッツ、オリーブオイルなどに含まれる不飽和脂肪は少量を摂取するだけで、脳に「もう食べなくてもいい」というシグナルを送ってくれます。
Schwartz, G.J., Fu, J., Astarita, G., Li, X., Gaetani, S., Campolongo, P., et al. (2008). The lipid messenger OEA links dietary fat intake to satiety. *Cell Metabolism,* 8 (4), 281-288.

111 週に一度少量のエンドウ豆を12カ月間食べ続けたグループでは、遺伝子の発現に有意な変化は見られませんでした。
Traka, M., Gasper, A.V., Melchini, A., Bacon J.R., Needs, P.W., Frost V., et al. (2008). Broccoli consumption interacts with GSTM1 to perturb oncogenic signaling pathways in the prostate [Electronic version]. *PLoS ONE,* 3 (7), e2568, 1-14.

研究者によると、この調査結果の要因は、栄養価の高い野菜（エンドウ豆やアイスバーグレタス、きゅうりなど）とアブラナ科の野菜（ブロッコリーやカリフラワー、芽野菜、キャベツなど）の違いであると結論付けています。ブロッコリーを食べると呼吸がしやすくなると言われています。ULCA の医学研究者チームの調査によると、１週間に３回ブロッコリーの芽（ブロッコリースプラウト）を約200g 食べる人は、鼻の中で抗酸化物質を作り出す特殊なプロテインの量が200倍増えることが明らかになりました。このような野菜を積極的に食べれば、アレルギーや空気汚染、その他の呼吸器系の支障で起こる各種炎症に高い効果があると報告されています。

Champeau, R. (2009, March 2). Broccoli may help protect against respiratory conditions like asthma. Retrieved September 23, 2009, from UCLA Newsroom Web site: http://newsroom.ucla.edu/portal/ucla/broccoli-may-help-protect-against-81667.aspx

113 ギャラップ社が最近、アメリカ人40万人に行った調査では、週に５日間30分以上運動している人は27%、約４人に１人でした。
Mendes, E. (2009, May 26). *In U.S., nearly half exercise less than three days a week.*

Retrieved September 23, 2009, from Gallup Web site: http://www.gallup.com/poll/118570/Nearly-Half-Exercise-Less-Three-Days-Week.aspx

18歳以上の成人の1週間の運動の回数

1週間に5日以上（150分以上）	27%
1週間に3〜4日以上（90〜120分）	24%
1週間に3日未満（90分未満）	49%

2008年5月1日〜2009年4月30日にインタビューを実施

113 週に6日までは、運動する日を増やすほど元気が出て、ストレスは減り、幸せ感は増します。
Pelham, B.W., (2009, November 3). Exercise and well-being: A little goes a long way. Retrieved November 19, 2009, from Gallup Web site: http://www.gallup.com/poll/124073/Exercise-Little-Goes-Long.aspx

ギャラップ―ハザウェイ社の調査によると、わずかな運動でも、大きな効果があるとされています。1週間まったく運動をしなかった人に比べると、1週間に1日か2日、たった30分でも運動をする人は肥満になりにくいと言われます。1週間に5、6日運動する人は肥満になる確率が50%減少します。興味深いことに、1週間のうち7日間毎日運動することは、体重を減らしたり、「全体的な幸福」にとって害になるとされています。

前の週に運動をした日数	肥満率
0日	35%
1〜2日	28%
3〜4日	23%
5〜6日	19%
7日	20%

調査対象者が自己申告する身長と体重をベースに、
BMI（肥満度指数）で算出した結果、BMI値30以上を肥満としています。

113－114 最近の研究では、たった20分間運動すればその後数時間にわたって気分が

よくなることがわかっています。

Hellmich, N. (2009, June 2). Good mood can run a long time after workout [Electronic version]. *USA TODAY.* Retrieved September 23, 2009, from http://usatoday.com

114 まったく運動しなかった人たちと比べて、自転車を漕いだ人たちは、たった20分間の軽い運動でも2時間後から12時間後にいたるまで、いつもよりはるかによい気分で過ごせることがわかりました。

1日30分間の適度な運動は長期的に見て健康に非常に良いと、他の研究でも報告されています。定期的な運動は良質なコレステロール値を上げ、血圧低下や2型糖尿病の予防、減量、骨の健康維持、いくつかのガンの予防や、免疫システムの向上、うつ症状や不安の軽減、良質な睡眠をもたらすなどさまざまな効果があります。一方、短期的には気分がよくなる他に、ストレスが減ったり、エネルギーやスタミナが充足される効果もあります。

Mayo Clinic. (2008). Moderate exercise. *Mayo Clinic Health Letter, 26*(1), 1-3.

114 また「20～30分間の運動ができない日でも、たった11分間ウェイトトレーニングをするだけで代謝率が上昇し、その日1日、脂肪の燃焼率が高くなる」とも書かれています。

Kirk, E.P., Donnelly, J.E., Smith, B.K., Honas, J., LeCheminant, J.D., Bailey, B.W., et al. (2009). Minimal resistance training improves daily energy expenditure and fat oxidation. *Medicine & Science in Sports & Exercise, 41* (5), 1122-1129.

115 疲れを解消する方法を70種類以上選んで実験し、総合的に分析した結果、疲れを解消するためには、疲労回復の薬より運動の方がはるかに効果的だということが明らかになっています。

Puetz, T.W., O'Connor, P.J., Dishman, R.K. (2006). Effects of chronic exercise on feelings of energy and fatigue: A quantitative synthesis. *Psychological Bulletin, 132* (6), 866-876.

115 定期的に運動することが習慣化している人は、運動する理由として、身体を動かすと気分も見た目もよくなること、そして自分に自信が持てるようになることを挙げます。

Krucoff, C., & Krucoff, M. (2000). Peak performance: How a regular exercise program can enhance sexuality and help prevent prostate cancer.

American Fitness, 19 (6), 32-36.

Penhollow, T.M., & Young, M. (2004, October 5). Sexual desirability and sexual performance: Does exercise and fitness really matter? *Electronic Journal of Human Sexuality, 7*. Retrieved September 23, 2009, from http://www.ejhs.org/volume7/fitness.html

116 コロンビア大学の研究チームは、自分の身体に対して抱いているイメージは、ＢＭＩ（肥満度指数）のような客観的基準と同じぐらい重要だということを明らかにしています。
Muennig, P., Jia, H., Lee, R., & Lubetkin, E. (2008). I think therefore I am: Perceived ideal weight as a determinant of health. *American Journal of Public Health, 98*(3), 501-506.

118 現代人の土日を除いた１週間の平均睡眠時間は６、７時間です。しかも年々短くなっています。
WB&A Market Research. (2009). 2009 sleep in America poll: summary of findings. Retrieved September 23, 2009, from the National Sleep Foundation Web site: http://www.sleepfoundation.org/article/sleep-america-polls/2009-health-and-safety

119 学んだことを整理し、過去の学びと結びつけていく作業は、実のところ、起きている間よりも眠っている間の方が効率的に進むことが明らかになっています。
Stickgold, R., & Wehrwein, P. (2009, April 18). Sleep now, remember later. *Newsweek*. Retrieved September 23, 2009, from http://www.newsweek.com

119 2004年にドイツで行われた研究では、毎日その日に学んだことを分類し整理する脳の働きと、睡眠の重要性との関係を把握する調査が行われました。
Stickgold, R., & Ellenbogen, J.M. (2008, August). Sleep on it: How snoozing makes you smarter. *Scientific American Mind*, Retrieved September 23, 2009, from http://www.scientificameriacan.com/article.cfm?id=how-snoozing-makes-you-smarter

121 ある研究では、睡眠時間が短い人は適切な睡眠時間の人に比べて、体重増加を招く確率が35％高いことが確認されています。（中略）睡眠時間が長い人でも適切な睡眠時間の人と比べて体重増加を招く確率が25％高くなるので、

睡眠時間が長ければいいというわけではありません

Chaput, J.P., Despres, J.P., Bouchard, C., & Tremblay, A. (2008). The association between sleep duration and weight gain in adults: A 6 -year prospective study from the Quebec family study. Sleep, 31(4), 517-523.

121 夜の間十分に眠れないためにホルモンバランスが変化し、翌日の食欲が増大することが関係していると思われます。

Motivala, S.J., Tomiyama, A.J., Ziegler, M., Khandrika, S., & Irwin, M.R. (2009). Nocturnal levels of ghrelin and leptin and sleep in chronic insomnia. *Psychoneuroendocrinology, 34*(4), 540-545.

122 たとえば、睡眠が不十分な状態が長期化すると、２型糖尿病のリスクが高まることが明らかになっています。

American Academy of Sleep Medicine (2009, June 11). Link found between poor sleep quality and increased risk of death. *Science Daily.* Retrieved July 10, 2009, from http://www.sciencedaily.com/releases/2009/06/090610091240.htm

University of Chicago Medical Center (2008, January 2). Lack of sleep may increase risk of type 2 diabetes. *Science Daily.* Retrieved December 21, 2009, from http://www.sciencedaily.com/releases/2008/01/080101093903.htm

122 睡眠時間が平均して７時間未満の方は、もう30分、できればもう１時間睡眠時間を長くすることで、風邪を引きにくい健康な体になれるのです。

Cohen, S., Doyle, W.J., Turner, R., Alper, C.M., & Skoner, D.P. (2003). Sociability and susceptibility to the common cold. *Psychological Science, 14* (5), 389-395.

National Heart, Lung, and Blood Institute. (2006, April). *In brief: Your guide to healthy sleep* (National Institutes of Health Publication No.06-5800). Retrieved September 24, 2009, from http://www.nhlbi.nih.gov/health/public/sleep/healthysleepfs.htm

123 ある実験の結果、サラダなど健康的な選択肢がメニューに載っていると（そのような選択肢がまったく載っていないメニューから選ぶときと比べて）フライドポテトなど不健康なものが選ばれる確率が３倍になることがわかっています。

Wilcox, K., Vallen, B., Block, L., & Fitzsimons, G.J. (2009). Vicarious goal fulfillment: When the mere presence of a healthy option leads to an ironically indulgent decision. *Journal of Consumer Research, 36* (3), 380-393.

125 アメリカを例にとると、医療費は経済全体の16%を占めており、今後10年ほどでＧＤＰ（国民総生産）の20%に達すると予測されています。
U.S. Department of Health and Human Services. (2009, November 17). Statement by Kathleen Sebelius, Secretary, U.S. Department of Health and Human Services, on FY 2010 budget before Committee on Appropriations, Subcommittee on Labor, Health and Human Services, Education, and related Agencies. Retrieved November 23, 2009, from http://www.hhs.gov/asl/testify/2009/06/t20090609b.html

125－126 1999年にはアメリカの一家族の保険費用は約5700ドルでしたが、2009年には１万3000ドルになりました。このままいくと2018年には約２万5000ドルにまでふくれ上がるでしょう。
Kaiser Family Foundation and the Health Research & Educational Trust. (2009). *Employer health benefits 2009 annual survey.* Retrieved November 19, 2009, from http://ehbs.kff.org/pdf/2009/7936.pdf

Congressional Budget Office. (2008, February 29). *Taxes and health insurance: Presentation to the tax policy center and the American tax policy institute.* Retrieved November 19, 2009, from http://www.cbo.gov/ftpdocs/90xx/doc9009/02.29.2008-Taxes_and_Health_Insurance.pdf

126 アメリカでは、国民の３人に２人は、保険料の高騰によって十分な保険に入れない（まったく保険に入っていない無保険者も含む）、医療費を払えない、必要な治療を受けられない、といった問題を抱えています。
The Commonwealth Fund: A Private Foundation Working Toward a High Performance Health System. (2008, August 20). *Losing ground: How the loss of adequate health insurance is burdening working families—findings from the Commonwealth Fund biennial health insurance surveys, 2001-2007.* Retrieved December 27, 2009, from http://www.commonwealthfund.org/Content/Publications/Fund-Reports/2008/Aug/Losing-Ground--How-the-Loss-of-Adequate-Health-Insurance-Is-Burdening-Working-Families--8212-Finding-aspx

訳者注：日本では原則として全国民が公的健康保険制度（雇用者とその被扶養者は政府管掌か組合管掌、自営業・自由業者や無職者は国民健康保険）に加入しており、診療費の自己負担は２～３割、医療機関も自由に選ぶことができるのに対し、アメリカは、公的保険（高齢者・障害者対象のメディケア、低所得者対象のメディケイド）と民間の保険会社が提供する医療保障プランに加入する混合型です。国民皆保険は以前から各時代の政権が目指す目標ですが、無保険者の医療費を税金で払うことに対する国民の抵抗は強く、いまだに実現されていません。2009年のギャラップ世論調査でも、国民皆保険に反対する人は国民の46%、賛成が49%とほぼ拮抗しています。

126 ハーバード大学の調査によれば、アメリカで2007年に自己破産した人の62%が医療費保険の問題を抱えていました。
Himmelstein, D.U., Thorne D., Warren, E., & Woolhandler, S. (2009). Medical bankruptcy in the United States, 2007: Results of a national study. *The American Journal of Medicine, 122* (8), 741-746.

126 あまり健康とは言えない同僚のために、健康なアメリカ人は１人当たり年間1464ドル（約12～15万円）の健康税を余分に納めている計算になります。
Thompson, D., Brown, J.B., Nichols, G.A., Elmer, P.J., & Oster, G. (2001). Body mass index and future healthcare costs: A retrospective cohort study. *Obesity Research,* 9 (3), 210-218.

Centers for Medicare and Medicaid Services. (2009). *National health expenditure projections 2008-2018: Forecast summary and selected tables.* Retrieved January ８, 2010, from http://www.cms.hhs.gov/nationalhealthexpenddata/03_nationalhealthaccountsprojected.asp

126 別の研究によると、アメリカの医療費の半分以上が、人口のたった５％の人たちのために使われていることもわかっています。
Berk, M.L., & Monheit, A.C. (1992). The concentration of health expenditures: An update. *Health Affairs, 11* (4), 145-149.

127 アメリカでは医療費の75％は、ストレス、喫煙、運動不足、不健康な食生活といった自助努力で防ぐことができることに起因する病気に使われています。
Roizen, M. (Speaker). (n.d.). *Improving well-being through behavior change* (Video). Washington, D.C.: Gallup, Inc.. and Healthways.

127 ２型糖尿病の研究では、患者が食事を健康的なものに変えるだけで、わずか４カ月半で処方薬の使用が43％減り、血糖値、中性脂肪、コレステロールも大幅に改善することが確認されています。

Barnard, N.D., Cohen, J., Jenkins, D.J.A., Turner-McGrievy, G., Gloede, L., Jaster, B., et al.(2006). A low-fat vegan diet improves glycemic control and cardiovascular risk factors in a randomized clinical trial in individuals with type 2 diabetes. *Diabetes Care, 29* (8), 1777-1783.

５章　地域社会の幸福とは？

132－133 アメリカでもいくつかの都市では、身の安全、大気汚染、その他の環境汚染が深刻な問題になっています。

Gallup and John S. and James L. Knight Foundation. (n.d.) *Soul of the community overall report.* Retrieved September 24, 2009, from http://www.soulofthecommunity.org/node/64

Saad, L. (2009, May 25). *Water pollution Americans' top green concern.* Retrieved November 20, 2009, from Gallup Web site: http://www.gallup.com/poll/117079/Water-Pollution-Americans-Top-Green-Concern.aspx

133 理想的な地域社会に求める要素は１人１人異なりますが、一般的で共通する要素もあります。

Gallup and John S. and James L. Knight Foundation. (n.d.) *Soul of the community overall report.* Retrieved September 24, 2009, from http://www.soulofthecommunity.org

136 献血をした人々は、献血の前よりも献血のあとの方が気分が高揚したと回答しています。

献血を４回以上した人は、献血前の緊張度合がかなり低く、よい気分になることへの期待値が高く、再び献血する高いコミットメントを持っています。

Piliavin, J.A. (2003). Doing well by doing good: Benefits for the benefactor. In C.L.M. Keyes & J. Haidt (Eds.), *Flourishing: Positive psychology and the life well-lived* (pp. 227-247). Washington, D.C.: American Psychological Association.

138「お金を寄付する行為は、他の人たちと心理的に近づいた気持ちや、(与えているのに)ごほうびをもらったような気持ちを起こさせ、この気持ちを今後も味わいたい、と思わせる効果があります。この気持ちが〝寄付する〟という行為を強化し、また同じような行為を繰り返す可能性を高めているのです」
Stoddard, G. (2009, July/August). What we get from giving. *Men's Health, 24*(6), 108-115.

139 ボランティアをしている人の中に〝ヘルパーズハイ〟を体験して、ボランティアがやみつきになってしまう人がいるのは、このせいでしょう。彼らは、だれかを助けたときに、自分がより力強く、よりエネルギッシュで、やる気にあふれていると感じるのです。
Stoddard, G. (2009, July/August). What we get from giving. *Men's Health, 24*(6), 108-115.

139 人のために何かをしたとき、私たちは自分に「変化を起こせる力」があると実感します。さらに周囲によい影響を与えたことで自信が高まります。
ボランティア経験のある若者は将来に高い期待を抱き、自己評価も高く、勉強へのモチベーションも高いことが、ある調査で報告されています。

Johnson, M.K., Beebe, T., Mortimer, J.T., & Snyder, M. (1998). Volunteerism in adolescence: A process perspective. *Journal of Research on Adolescence,* 8 (3), 309-332.

139 だれかのために役立つ行動をして社会とつながりができると、自己中心的な世界に風穴が開き、重苦しい気持ちから解放されるのです。
Pang, S. (2009, May 22). Is altruism good for the altruistic giver? *Dartmouth Undergraduate Journal of Science.* Retrieved September 28, 2009, from http://dujs.dartmouth.edu/spring-2009/is-altruism-good-for-the-altruistic-giver

140 いくつかの研究では、利他的な行動と長生きは関係があることが明らかになっています。他の人のための行動を通して、自分が社会とつながっていると感じることで孤独のストレスを減らし、自分の存在意義を問うような否定的な感情を予防できるために長生きできるのではないかと推測されています。
ハーバード大学の政治学者ロバート・パットナム博士は「現在どの集団にも属していない人が、どこかの集団に入ろうと決めたとすると、その人が今後

1年間に死亡するリスクは“半減”する」と述べています。地域社会のグループ活動への参加は、加齢による記録力の低下防止に役に立ちます。6年間にも及ぶ16,638人の高齢者を対象とした調査では、人や社会と関わる活動が少ない人ほど、加齢と共に記憶力の低下が著しくなると報告されています。一方、社会的な活動に積極的な人は、消極的な人に比べて記憶力の低下のスピードが半減することがわかっています。

Ertel, K.A., Glymour, M.M., Berkman, L.F. (2008). Effects of social integration on preserving memory function in a nationally representative US elderly population. *American Journal of Public Health,* 98 (7), 1215-1220.

Putnam, R.D. (2000). *Bowling alone.* New York: Simon & Schuster.

142 「臓器を提供する」といった重要な選択の場合でも、「臓器を提供することに同意する」ことが基本で「同意しない場合は自ら申し出る」（中略）となっているか、「臓器を提供しない」を基本とし「臓器提供することに同意する場合は自ら申し出る」（中略）になっているかによって、私たちの決断は大きく影響を受けます。

Johnson, E.J., & Goldstein, D. (2003, November 21). Do defaults save lives? *Science, 302,* 1338-1339.

142 たとえば中国は、臓器提供に同意する人は申し出る形式をとっていますが、臓器提供率は0.3%と1%にも満たない状況です。（中略）中国では、臓器が足りないために、患者の5人中4人が移植を待っている間に亡くなっているのです。

Juan, S. (2009, September 17). Four in five die in waiting for organ donation. *China Daily.* Retrieved November 20, 2009, from http://www.chinadaily.com.cn/china/2009-09/17/content_8702813.htm

148 減量プログラムをスタートすると同時に減量支援グループにも参加し、（中略）10カ月後まで減量した体重を維持できる確率は（中略）たがいによく知っている友人や同僚で3人組を作った場合は66%にまで上昇するのです。

Wing, R.R., & Jeffery, R.W. (1999). Benefits of recruiting participants with friends and increasing social support for weight loss and maintenance. *Journal of Consulting and Clinical Psychology, 67* (1), 132-138.

６章　人生を価値あるものとするために

154　1968年、死の直前にロバート・ケネディ大統領はこう語りました。
John F. Kennedy Presidential Library & Museum. (n.d.). *Quotations of Robert F. Kennedy.* Retrieved September 1, 2009, from http://www.jfklibraby.org/Historical+Resources/Archives/Reference+Desk/Quotations+of+Robert+F.+Kennedy.htm

156　睡眠時間をもう30分長くするだけで、あるいは友人や家族と一緒に過ごす時間をもう１時間増やすだけで、いつもと同じ１日がすばらしい１日に生まれ変わります。
いい日と悪い日の睡眠時間の差はあまりありません。いい日の前日の平均睡眠時間は７．１時間、悪い日の場合は６．６時間でした。人間関係の時間もいい日と悪い日を決める強力な要因です。いい日だったという人は、悪い日を過ごした人に比べて１．４時間多く人との時間や社会的な活動時間を持っていました。

158　「人は、あたかも２人の人間が一緒になったような行動をしている」
Schelling, T.C. (1978). Egonomics, or the art of self-management. *The American Economic Review, 68* (2), 290-294.

巻末付録：幸福度を高める時間の使い方とは？

233　ギャラップ社では３人の科学者（ノーベル賞を受賞した心理学者、アメリカ財務省現チーフエコノミスト、そしてデータ収集分析のプロフェッショナル）を中心とした研究チームを編成し、時間の使い方を測定する研究を10年間にわたって実施しました。
Krueger, A.B., Kahneman, D., Schkade, D., Schwarz, N., & Stone, A.A. (2008). *National time accounting: The currency of life.* Princeton, NJ: Princeton University, Department of Economics, Industrial Relations Section.

220　収入額が同程度の人を比べてみると、テレビを持つ人の方が幸福度は高く、より楽観的です。
Pelham, B. (2008, March 31). *TV ownership may be good for well-being.* Retrieved December 23, 2009, from Gallup Web site: http://www.gallup.com/poll/105850/Ownership-May-Good-WellBeing.aspx

巻末付録：職場の幸福度を高めるためにすべきこと

216　部下とその周囲にもたらす自分自身の影響力について、深く認識しているリーダーは少なくないのです。
Rath, T., & Conchie, B. (2008). *Strengths based leadership: Great leaders, teams, and why people follow.* New York: Gallup Press.

216　スタンダード・チャータード銀行の前会長マーヴィン・デーヴィス氏はインタビューで、会社が従業員を１人の人間として気にかけていることを、70カ国以上７万人を超える従業員に知ってもらうためにしたことを話してくれました。
Rath, T., & Conchie, B. (2008). *Strengths based leadership: Great leaders, teams, and why people follow.* New York: Gallup Press.

幸福の習慣

世界150カ国調査でわかった人生を価値あるものにする5つの要素

発行日　2011年10月15日　第1刷

Author　トム・ラス／ジム・ハーター
Translator　森川里美
Book Designer　渡邊民人　二ノ宮匡（タイプフェイス）
Publication　株式会社ディスカヴァー・トゥエンティワン
〒102-0074　東京都千代田区九段南2-1-30
TEL　03-3237-8321（代表）
FAX　03-3237-8323
http://www.d21.co.jp

Publisher　干場弓子
Editor　原典宏

Marketing Group
Staff　小田孝文　中澤泰宏　片平美恵子　井筒浩　千葉潤子　飯田智樹　佐藤昌幸　鈴木隆弘　山中麻吏　西川なつか　猪狩七恵　古矢薫　鈴木万里絵　伊藤利文　米山健一　天野俊吉　原大士　井上慎平　芳賀愛　堀部直人　山﨑あゆみ
Assistant Staff　俵敬子　町田加奈子　丸山香織　小林里美　井澤徳子　古後利佳　藤井多穂子　片瀬真由美　藤井かおり　福岡理恵　葛目美枝子

Operation Group
Staff　吉澤道子　小嶋正美　松永智彦
Assistant Staff　竹内恵子　熊谷芳美　清水有基栄　小松里絵　川井栄子　伊藤由美

Productive Group
Staff　藤田浩芳　千葉正幸　林秀樹　粕谷大介　石塚理恵子　三谷祐一　石橋和佳　大山聡子　徳瑠里香　田中亜紀　大竹朝子　堂山優子

Digital Communication Group
Staff　小関勝則　谷口奈緒美　中村郁子　松原史与志

Proofreader　工藤美千代
Printing　株式会社厚徳社

ISBN 978-4-7993-1065-6